Wiehn & Wollmann-Fiedler   Zwi Helmut Steinitz

Erhard Roy Wiehn & Christel Wollmann-Fiedler (Hg.)

Zwi Helmut Steinitz

Vom Holocaust-Opfer zum Blumenexport-Pionier
und die heilige Pflicht zu berichten
Eine Hommage

Hartung-Gorre Verlag Konstanz

Umschlagtitelfoto: Zwi Helmut Steinitz 1946; Umschlag-Rückseite: Zwi Helmut Steinitz zeigt das von Mirjam Wiehn angefertigte Poster mit den verkleinerten Titelseiten seiner sechs Bücher (in der Reihenfolge ihres Erscheinens von links oben bis rechts unten), die seit 2006 in der Edition Schoáh & Judaica im Hartung-Gorre Verlag Konstanz veröffentlicht wurden, in Tel Aviv am 8. September 2016 (Foto: Erhard Roy Wiehn).

1941–2021
80 Jahre Überfall der deutschen Wehrmacht auf die Sowjetunion
und Beginn der Schoáh im Baltikum, in Belarus, Russland und der Ukraine

Bibliographische Information Der Deutschen Bibliothek
Die Deutsche Bibliothek verzeichnet diese Publikation in der Deutschen Nationalbibliographie; detaillierte bibliographische Daten sind im Internet über <http://dnb.ddb.de> abrufbar.

© Alle Rechte vorbehalten/All rights reserved
Erste Auflage 2021
Hartung-Gorre Verlag Konstanz   Germany
ISBN 978-3-86628-691-7 und 3-86628-691-0

Inhalt

Erhard Roy Wiehn: Eine Hommage an Zwi Helmut Steinitz 7
Ami Steinitz: Grabrede des Sohnes auf seinen Vater 9
Christel Wollmann-Fiedler: Ein außergewöhnlicher Mensch 13

Wiehn & Wollmann-Fiedler: Zwi H. Steinitz zum Gedenken 15

1. Christel Wollmann-Fiedler im Gespräch mit Zwi Helmut und Regina Steinitz 15

    Reginas u. Zwis Vorgeschichten und der Anfang im Kibbuz 15
    Rückblick auf Reginas schwieriges Überleben in Berlin 21
    Nach glücklicher Kindheit gerät Zwi unter NS-Herrschaft 31
    Zwis Eltern und sein Bruder werden nach Bełżec deportiert 38
    Zwi in Plaszów, Auschwitz, Buchenwald, Berlin Sachsenhausen, ... 41
    Durch die US-Armee wird Zwi bei Schwerin endlich befreit 50
    Zwi und Regina Steinitz Jahre später wiederholt in Oranienburg 52

2. Vor- u. Nachworte in der Abfolge der Zwi-Steinitz-Schriften 55

2.1. Als Junge durch die Hölle des Holocaust (2006) 55
    Zwi Helmut Steinitz: Memoiren zum ewigen Gedenken 56
    Erhard Roy Wiehn: Die heilige Pflicht zu berichten 61
    Zwi Helmut Steinitz: Nachwort 66
    Shlomit und Ami Steinitz: Nachwort der Kinder 68
    Erhard Roy Wiehn: Nachbemerkungen zur 2. Auflage 68

2.2. Vom Holocaust-Opfer zum Blumenexport-Pionier (2007) 72
    Zwi Helmut Steinitz: Danksagung 73
    Zwi Helmut Steinitz: Schicksale, Erinnerungen und Bücher 75
    Erhard Roy Wiehn: Freiheitsverlust und Freiheitsgewinn 77
    Zwi Helmut Steinitz: Nachwort als Zeitzeuge 81

2.3. As a boy through the hell oft the Holocaust (2009) 84
    Zwi Helmut Steinitz: Memoirs for eternal remembrance 85
    Erhard Roy Wiehn: The sacred duty to remember 89
    Zwi Helmut Steinitz: Epilogue 94
    Shlomit und Ami Steinitz: Epilogue of the children 96

2.4. Jüdisches Tagebuch in Deutschland und Polen (2010) 96
    Zwi Helmut Steinitz: Meine heilige Pflicht zu gedenken 97
    Erhard Roy Wiehn: Aus dem vierten Leben eines Überlebenden 99
    Zwi Helmut Steinitz: Nachwort 102

2.5. Durch Zufall im Holocaust gerettet (2012) 103
  Zwi Helmut Steinitz: Widmung und Dank 104
  Zwi Helmut Steinitz: Zufall und Eigeninitiative 104
  Erhard Roy Wiehn: Der Zufall als listiger Überlebenshelfer 108
2.6. Meine deutsch-jüd. Kindheit im polnischen Posen (2015) ... 112
  Zwi Helmut Steinitz: Erinnerungen zum ewigen Gedenken 114
  Erhard Roy Wiehn: Damit vielleicht daraus gelernt werde 118

Zwi Helmut Steinitz 123
  Buch-Veröffentlichungen 125
Christel Wollmann-Fiedler 125
Erhard Roy Wiehn 125

Zwi Helmut Steinitz
in dankbarem Gedenken
gewidmet

Erhard Roy Wiehn

Hommage an Zwi Helmut Steinitz

Zwi Helmut Steinitz wurde am 1. Juni 1927 in Posen geboren und verstarb am 24. August 2019 im Alter von 92 Jahren in Tel Aviv. Er hatte als einziger seiner Familie die NS-Zeit überlebt, seine Eltern Salomea und Hermann Steinitz waren mit seinem jüngeren Bruder Rudolf im Vernichtungslager Bełżec ermordet worden. Zwi lebte seit 1946 in Erez Israel bzw. Israel.

Zwi und Regina Steinitz hatten im Sommer 2005 Kontakt zu mir gefunden, und seit Herbst 2005 habe ich zusammen mit Zwi an seinen Erinnerungen gearbeitet, die dann im Herbst 2006 erschienen sind: *Als Junge durch die Hölle des Holocaust* (Hartung-Gorre Verlag Konstanz). Weitere fünf Buch-Publikationen folgten 2007, 2009, 2010, 2012 und 2015 (vgl. Foto Umschlag-Rückseite).

Inzwischen hatten wir uns gut angefreundet, ich war mehrfach bei Regina und Zwi in Tel Aviv zu Gast, habe ihre deutsch-israelische Küche sehr geschätzt und besonders die Gespräche. Zwi war ein äußerst besonnener und liebenswürdiger Mensch, nach seiner schrecklichen Jugendzeit unter deutscher Herrschaft in mehreren Konzentrationslagern fast nicht zu glauben. In seinen späten Jahren hat er sich mit seinen Lesungen, Vorträgen und Gesprächen während zahlreicher Besuche gegen das Vergessen in Deutschland engagiert und erhielt 2012 das Bundesverdienstkreuz am Bande. In seinen allerletzten Jahren hat er sein Leben und Leiden gewissermaßen *verdichtet* und *Poeme* geschrieben.

*

Christel Wollmann Fiedler hatte ich vor einigen Jahren durch unsere Autorin Hedwig Brenner kennengelernt, und mit ihr ich im Spätsommer 2020 und für Anfang 2021 bereits zwei Gedenkschriften herausgegeben, nämlich zu Ehren von Margit Bartfeld-Feller und Hedwig Brenner.[1] Christel Wollmann-Fiedler schickte mir am 13. Oktober 2020 folgende Mail:

"... Mir kam gestern in den Sinn, dass wir ein Buch über Zwi machen sollten? Nur nicht direkt! Habe vier Kassetten liegen, die ich mit ihm

---

[1] Unser Überlebenswille war stark – Gespräche mit Margit Bartfeld-Feller über Czernowitz, die sibirische Verbannung und Israel. Konstanz, (September) 2020; Hedwig Brenner – und ihre Künstlerinnen jüdischer Herkunft – Einer Pionierin zum Gedenken. Konstanz (Januar) 2021.

aufgenommen habe. Das Ergebnis kenne ich nicht, werde sehen, was ich alles mit ihm aufgenommen habe. Ich muss anhören und schreiben. Das ist eine Heidenarbeit! Ein wenig geschrieben habe ich über ihn sowieso. Jahrelang trafen wir uns in Berlin, Sachsenhausen und Oranienburg. Fotos habe ich en masse. 2019 besuchte ich Regina und Zwi [Steinitz] im April in TA [Tel Aviv] und bekam seine Gedichte geschenkt. Sind die bei Ihnen schon erschienen? 2 oder 3 Monate später starb Zwi. ..." – Meine sofortige Antwort: *"Liebe Christel, eine prima Idee: Mit Zwi habe ich immerhin sechs Bücher gemacht."*

Anderntags ging ich in einem gerade offen gewordenen Zeitfenster sofort an die Arbeit, hatte nach zwei Tagen bereits die Titelei formuliert sowie alle Vor- und Nachworte aus Zwi Helmut Steinitz' sechs Publikationen zusammengestellt, insgesamt immerhin ca. 70 Seiten. – Es versteht sich fast von selbst, dass es bei dieser Zusammenstellung zu Wiederholungen kommen muss, was andererseits aber auch niemandem schaden dürfte. – Die hier abgedruckten Inhaltsverzeichnisse der sechs Bücher könnten nicht nur als ein Nachschlage-Angebot der Lebensstationen des Autors genutzt werden, sondern mögen potentielle Leserinnen und Leser vielleicht auch dazu bewegen, das eine oder andere Buch zu beschaffen und selbst in die Hand zu nehmen.

*

Christel Wollmann-Fiedler und ich freuen uns, dass wir die Grabrede von Reginas und Zwis Sohn Ami Steinitz hier abdrucken dürfen, und ich danke meiner Mitherausgeberin herzlich für die Zusammenarbeit an unserem dritten Buchprojekt, das in ziemlich kurzer Zeit auf den Weg gebracht werden konnte. – Wir haben keinen Zweifel daran, dass unser Freund Zwi Helmut Steinitz sich über diese Gedenkschrift gefreut hätte, und auch seine Freudinnen und Freunde könnten sich freuen. Für uns war es eine Art Ehrenpflicht, hierdurch sein Leben und Werk einmal mehr zu verewigen.

Denn was aufgeschrieben, veröffentlicht und in etlichen Bibliotheken der Welt aufgehoben ist, wird hoffentlich nicht so schnell vergessen, damit vielleicht daraus gelernt werden kann.

13. November 2020

Ami Steinitz

Grabrede des Sohnes auf seinen Vater[2]

Geliebter Vater, körperlich trennen wir uns heute, trennen uns von langen Jahren familiärer Geborgenheit. Aber unser Geist wird mit deiner Seele und deinem Wesen auf ewig vereint bleiben.

Dieser Tage vor 70 Jahren haben du und Mutter geheiratet, ihr habt ein Heim gegründet und mir und Shlomit ein Leben geschaffen. Ihr habt die Familie in dem tiefen Wissen um die Bedeutung des Lebens gegründet, ein Wissen, das in eurer Kindheit in der von Menschen geschaffenen Hölle geprägt wurde, einem Ort, an dem Kultur und Glaube in den brennenden Abgrund von grobem Rassismus gefallen sind.

Mutter und du habt euch für das Leben entschieden, für den Lichtstrahl, der dir vom Schoß deiner Eltern vermittelt wurde, für das große Privileg, genauso ein Heim und ein Gefühl der Geborgenheit zu erschaffen wie sie, bevor diese grausam zerrissen wurden. Ohne diese wertvolle Fracht, so hast du geschrieben, wäre dir auch das Schicksal nicht hold gewesen. Noch bevor du so weit warst, von deinem Leid zu erzählen, hast du dich an der menschlichen Wärme deiner Familie als Grundlage für die Erschaffung neuen Lebens festgehalten. Du hast dies mit großer Kraft getan, mit viel Liebe und Großmut. Du hast Familie und Arbeit umarmt. Du hast dich von Konflikten ferngehalten und Verbindungen hergestellt. Du warst einer der Holocaustüberlebenden, die den Kibbuz Nezer Sereni gegründet haben, und hast dir Wissen in Landwirtschaft angeeignet. Du hast den Blumenexports Israels mit aufgebaut, bist zu Aufträgen ins Ausland gefahren, du hast Blumenexporteuren erklärt, wie sie am besten den europäischen Markt erreichen können. Du hast bei der Arbeit viele Freunde gewonnen, eine Verbindung zur Schönheit der Natur hergestellt, zur Beschaffenheit der Blume, zum Boden dieses Landes. Du kanntest all seine Wege und viele seiner Ortschaften und Menschen. Dies alles war eine Liebe, die du neu entdeckt hast, die du umarmt und an die kommenden Generationen weitergegeben hast.

Du hast ein unabhängiges, eigenständiges Leben aufgebaut. Du hat Musik geliebt, Radio gehört, Platten gekauft und Konzerte besucht. Ihr habt Shlomit und mir eine Kindheit gegeben, die von Selbständigkeit und Entscheidungsfreiheit geprägt war. Wir wuchsen neben dem

---

[2] Hier mit freundlicher Genehmigung von Ami Steinitz.

großen Verlust auf, aber auch in einiger Entfernung davon. Du hast ohne zu zögern seltsame Ideen unterstützt, wie z.b. Kunstgeschichte zu studieren, eine Ruine in der Shavasi Straße zu kaufen, um eine Galerie zu eröffnen und als Kurator tätig zu werden. Du hast das nicht nur unterstützt, sondern sogar aktiv mitgewirkt. Du hast dich über deine Enkel Shira und Eran gefreut und auf die Galerie aufgepasst, wenn Maya und ich mit ihnen beschäftigt waren. Du hast immer dann vertraut, wenn du Aufrichtigkeit und Glauben gespürt hast. Jedes Stückchen Glauben hat dich gestärkt, Leben in deine Seele zurückgebracht, das Gefühl der Sicherheit aus der Zeit deiner Kindheit wieder hergestellt.

"Ich erinnere mich mit Sehnsucht an meine schönen Kindheitstage, die für mich wie ein ferner Lichtstrahl sind", hast du geschrieben. "Ich verstehe das Privileg, das mir zuteil wurde, und habe das Gefühl, dass ich mein Elternhaus mit einem Traumhaus vergleichen kann. Ich erinnere mich mit pochendem Herzen und mit Rührung an die zärtlichen Hände meiner liebenden Mutter, an die verlässliche Erscheinung meines Vaters. Sie beide gaben mir das Gefühl, dass wir in steter Geborgenheit leben, in einer Welt, die nur gut ist und in der uns niemand etwas antun kann."

Seit deinem Überleben sind viele Jahre vergangen, bis du dir die Zeit genommen hast, die Lasten aufzuarbeiten, die dich quälten. Du brauchtest Hilfe und Unterstützung, die du bei "Amcha" gefunden hast. Du machtest dich auf die lange Reise zur Aufklärung der Schatten, die dich noch immer verfolgt haben. Die Schrecken, die dich heimgesucht haben, hast du langsam und sorgfältig in Worte übertragen, und im Jahr 2003 ist dann dein Buch "Ein Ort, an den ich nie zurückgekehrt bin" *[in hebräischer Sprache]* erschienen. Wir hatten das Privileg, mit diesen Schrecken als Erwachsene konfrontiert zu werden, eingehüllt in die Liebe, die du uns gegeben hast, und gemeinsam mit dir die Veröffentlichung des Buchs zu begleiten.

All deine Sanftheit und Menschlichkeit kamen in deinem Buch zum Ausdruck. Du bist in die schmerzlichsten Ecken vorgedrungen und hast die Gefahren des blinden Hasses enthüllt. Du hast dies im Gefühl der Verantwortung für die menschliche Existenz getan und im Verständnis, dass Menschenleben in der Hand des Menschen liegen. So hast du die Kraft gefunden, vor die Deutschen zu treten und in der Sprache deiner Kindheit davon zu erzählen, was dir angetan wurde. Je mehr du erzählt hast, umso stärker wurde bei ihnen der Wunsch zuzuhören. Du bist gemeinsam mit Mutter viele Male gefahren, um Zeugnis abzulegen und mit aufmerksamen Schülern zusammenzutreffen. Über 500 Seiten hat dein Buch, und es enthält grausame Darstellungen aus einigen Konzentrationslagern. Aber ein Tag im Ghetto von Krakau hat dich zerstört und bis in deine letzten Tage verfolgt. Nach Aktionen im Ghetto bis du allein dort zurückgeblieben. Deine Eltern Hermann und Salomea sowie dein Bruder Rudolf wurden in den Tod geschickt. Du hast sie bis zum Tor begleitet. Und so hast du geschrieben:

"Mein ganzes Leben lang kehre ich zum 1. Juni 1942 zurück, dem Tag, der in meinem Herzen eingekerbt bleiben wird solange ich lebe. Mein Geburtstag und der Tag, an dem ich meine Eltern und meinen Bruder auf ihrem letzten Weg begleitet habe. Ich sehe das Gesicht meines Vaters, der plötzlich wie ein Vulkan auf den SS-Offizier am Tor losgeht. In seinen Augen funkelt das Feuer, er brüllt die Henker an, zornerfüllt, mit dem Schrei eines verletzten Menschen. Immer wieder brüllt er 'Mörder! Mörder'. Plötzlich war es totenstill, alle starrten meinen Vater an, dessen wütende Stimme in der Luft nachhallte. Angesichts dieser Verzweiflungstat standen wir wie versteinert da... Die Deutschen zogen blitzschnell ihre Waffen, aber genau im selben Moment mischten sich die jüdischen Polizisten ein und drängten meinen Vater nach innen. Wir drei blieben am Tor zurück, aufgeregt und erschrocken. Meine arme Mutter war völlig verängstigt, ihre Tränen wollten nicht versiegen. Wir umarmten uns und weinten. Meine Mutter wollte meinen Vater nicht allein lassen, deshalb hat sie sich von mir gelöst, meinen Bruder bei der Hand genommen und ist verschwunden.

Alleine im Raum, erfüllt von angsterfüllten Gedanken, versank ich in Depression. Plötzlich hörte ich herzzerreißendes Schluchzen vor der Türe. Sekunden später ging die Türe auf, und meine Mutter betrat den Raum in Begleitung eines jüdischen Polizisten, der sofort wieder verschwand. (Wir wissen nicht, warum er ihr erlaubt hat, für einen Moment zurückzukommen? Hatte sie wohl kurz vorher die Ermordung ihres Mannes und ihres Sohnes mitanschauen müssen?) Ich stand auf und ging ihr entgegen, selbst völlig erschüttert. Ich nahm ihre Hand und führte sie zum Bett. Sie war am Ende ihrer Kräfte, hörte nicht auf zu schluchzen und zitterte am ganzen Körper. Ich setzte mich neben sie und versuchte, sie zu beruhigen. Ihr gequältes Gesicht war von Schmerz gezeichnet, ihre Augen rot und geschwollen. Kein Wort kam über ihre Lippen. Sie sagte nichts, erzählte nicht, was seit unserer Trennung geschehen war. Sie weinte nur hemmungslos und ihr schmerzerfülltes Gesicht sprach mehr als tausend Worte. Wir blickten uns trostlos an und weinten. Ihre gequälte Seele fand keine Ruhe, Tränen flossen über ihr Gesicht und hin und wieder stöhnte sie verzweifelt auf. Ihre Qual war so groß wie sie kein Mensch aushalten kann. Meine arme Mutter schien am Ende zu sein. Ich saß ratlos neben ihr, ihr übergroßes Leid bedrückte mich zutiefst. Sie hielt meine Hand ganz fest, im Wissen, dass sie schon bald wieder aufstehen und mich verlassen wird. Ich sah, wie sie ihre letzten Kräfte mobilisierte, um ihre Gefühle unter Kontrolle zu bekommen, bevor sie mich verlässt. Und dann stand sie plötzlich auf, wischte sich übers Gesicht und sagte: Komm. Gehen wir.

"Meine Eltern haben kein Grab und keinen Grabstein. So sollen meine Schriften ein Denkmal für sie sein, das sie und ihre Geschichte verewigt. Worte können sie nicht wieder zum Leben erwecken, aber vielleicht ihre Persönlichkeit, ihre Würde und ihren Beitrag zu Gesellschaft und Familie. Ich schreibe und beweine ihren tragischen Tod. Sie werden niemals wissen, dass ich überlebt habe. Alles, was ich noch für sie tun kann, ist ihr Andenken zu verewigen, für meine Angehörigen, die in Israel geboren sind, und für die kommenden Generationen."

An deinem 90. Geburtstag haben wir, Maya und ich, im Namen deiner Eltern ein Stipendium im Musikzentrum Tel Aviv-Jaffo ins Leben gerufen, und du konntest noch Kammerkonzerte junger Musikerinnen und Musikern genießen, die dieses Stipendium erhalten haben. Deinen Eltern und deinem Bruder war es nicht vergönnt, bestattet zu werden, aber wir werden ihre Namen neben deinem Namen eingravieren. Nach deinem Tod wird dein Name gemeinsam mit ihrem auf dem Grabstein stehen, sodass sie niemals in Vergessenheit geraten! Du fehlst uns, geliebter Vater.

24. August 2019

(Foto: Christel Wollmann-Fiedler)

Christel Wollmann-Fiedler

Ein außergewöhnlicher Mensch mit einem außergewöhnlichen Schicksal

Vor Jahren hatte ich Zwi Helmut Steinitz im Berliner Abgeordnetenhaus kennengelernt, als er – moderiert von Avi Primor, ehemaliger israelischer Botschafter in Bonn – aus seinem schweren Leben berichtete. Stumm und tief atmend erlebte ich erstmals Zwi Helmut Steinitz.[*]

Seither wurde er, auch mit seiner Frau Regina Steinitz, häufig zu Vorträgen und Gesprächen nach Deutschland eingeladen. Vor allem in Schulen sprach er gerne, vermittelte den jungen Menschen die schreckliche Zeit von damals. Eine bessere und informativere Geschichtsstunde über die NS-Terrorherrschaft in Deutschland und Europa gab es kaum für diese deutschen Schülerinnen und Schüler.

Im Laufe der Jahre habe ich mit Regina und Zwi Helmut Steinitz in Deutschland und Israel viele und teils lange Gespräche geführt, womit diese beiden außergewöhnlichen Menschen auch in dieser Gedenkschrift gewürdigt werden sollen (hier S. 15 ff.).

Am besten hat sich Zwi Helmut Steinitz in seinen Büchern verewigt, die längst in vielen Bibliotheken der Welt zu finden sind: Sie werden ihn bei weitem überdauern und auch in ferner Zukunft vom Leben und Leiden seiner Familie in der NS-Zeit berichten.

Am 4. September 2012 hatte der deutsche Botschafter Andreas Michaelis während einer Feierstunde in der Tel Aviver Residenz Zwi Helmut Steinitz das Bundesverdienstkreuz überreicht.

*

Im Frühjahr 2019 war ich in Israel auf den Spuren der Bauhausarchitekten in Jerusalem, Tel Aviv und Haifa. Selbstverständlich wollte ich Regina und Zwi sehen. Beim Telefonieren erfuhr ich, dass die beiden in eine bequemere Wohnung umgezogen sind. Kein Problem, gesucht gefunden. Mit dem Fahrstuhl nach oben, ein gastliche Empfang wie immer – doch Zwis leise Stimme machte mich traurig, er war kaum zu verstehen. Das Alter machte sich nun Anfang 90 immer mehr bemerkbar. Dabei kannte ich Zwi als umtriebigen, strahlenden Mann. Aber auch jetzt waren unsere Gespräche freundschaftlich wie immer. Auf dem Tisch stand eine Vase mit einer einzigen Blume, über die er

---

[*] Aus einem Gespräch mit Regina und Zwi Helmut Steinitz in Oranienburg und Berlin im Januar 2013.

dozierte, denn Blumen kannte er sehr gut (siehe hier S. 70 ff.). Dann schenkte mir Zwi die gebundene Sammlung seiner *Poeme 2016-2018*: Eine große Freude für mich – seine Widmung hat ihn überdauert und erinnert mich an den letzten Tag bei Zwi.

Der lieben Christel zur Erinnerung an den Tel Aviv-Besuch am 4.4.2019, Zwi Helmut Steinitz

Hier einer seiner Verse in Erinnerung an die erste Zeit Erez Israel (hier S. 70 ff., 97 f.):

Es kam eine Zeit,
in der Liebe wieder blühte.
Liebe genießen konnte.
So viele Jahre,
Beinahe vergessen
Was Liebe bedeutet,
in der Not fast getrocknet.

Vier Monate später wurde Zwi fern von Posen, fern von Europa in seiner Wunsch- und Wahlheimat Israel beerdigt. Ich werde einen Stein und eine Blume auf sein Grab legen und an diesen außergewöhnlichen Menschen und Freund denken.

Berlin, im November 2020

Zwi und Regina Steinitz in Oranienburg im März 2011 (Foto: Christel Wollmann-Fiedler)

Erhard Roy Wiehn u. Christel Wollmann-Fiedler

Zwi Helmut Steinitz

1. Christel Wollmann-Fiedler im Gespräch mit Zwi Helmut und Regina Steinitz am 2. März 2010 in Tel Aviv

*"So spazierte ich in die Freiheit, ohne zu verstehen,
dass ich schon auf der anderen Seite bin,
schon kein Häftling mehr..."*
Zwi Helmut Steinitz 1945

Vor einem Jahr habt Ihr bei mir in Berlin am Tisch gesessen, Ihr wart meine Gäste, Du und Regina. Viel aus Eurer Vergangenheit als Juden, Du, Zwi aus Posen und Du, Regina, aus Berlin, habe ich erfahren. Heute bin ich bei Euch in Tel Aviv eingeladen, bin sehr glücklich darüber und habe Euch beiden viele Fragen aus Deutschland mitgebracht.

Reginas und Zwis Vorgeschichten und Beginn im Kibbuz

Nach dem Zweiten Weltkrieg habt ihr Euch beide hier in Israel getroffen. Woher seid Ihr damals gekommen und warum?

Regina: Ich bin aus Berlin 1948 am 18. Oktober hier in diesem Land angekommen. Mit der "Luftbrücke" bin ich damals aus Berlin heraus. Die "Luftbrücke" hat damals Kohle und Essen vom Westen nach Berlin gebracht, weil die sowjetische Besatzung die Straßen nach Westen gesperrt hat. Über München, Frankfurt am Main und Marseille kam ich mit einer Gruppe jüdischer junger Menschen, die alle den Holocaust überlebt und keine Angehörigen mehr hatten, keine Eltern, niemanden... Sie waren Waisenkinder und wollten alle nach Israel, in eine neue Heimat. Nachts ging es in Marseille los. Das ist eine ganz große Geschichte, darüber müsste man ein Buch schreiben. In so eine "Appelkiste" wurden 400 Menschen hineingeschubst und kamen sogar hier in diesem Land an. In Israel war Krieg und die jungen Männer mussten gleich ins Militär. Meine Zwillingsschwester Ruth und ich sind ins Lager gekommen, wo wir in Zelten leben mussten. Meine

Schwester besuchte den *Kibbuz Buchenwald*,[3] um unseren Bruder Benno zu suchen. Unser Bruder hatte Auschwitz und Bergen-Belsen überlebt. Er gehörte früher zur Haschomér-Hatzaír-Gruppe in Deutschland, die Zionisten waren und für das Leben im Kibbuz vorbereitet wurden. In der Landwirtschaft bildete man sie aus. Dann brach 1939 in Deutschland der Krieg aus, und diese Gruppe junger Menschen wurde nach Auschwitz deportiert. Für meine Schwester und mich war es sehr wichtig, meinen Bruder Benno zu finden, den wir seit acht Jahren nicht mehr gesehen hatten und auch nicht wussten, ob er noch lebt und er nicht wusste, ob wir leben. Wir haben uns dann im Kibbuz Buchenwald wiedergesehen. Heute heißt er Netzer Seréni. Die Überlebenden von Buchenwald und anderen Konzentrationslagern haben diesen Kibbuz gegründet. Nach dem Zweiten Weltkrieg haben diese jungen Menschen in Gehringshof in der Nähe von Fulda Landwirtschaft gelernt und sind gruppenweise nach Israel gekommen.

Wo liegt der Kibbuz Buchenwald?

Regina: Zwischen Rechovot, Rischon Lezion und Be'er Ya'kov. In dem Kibbuz habe ich dann meinen Mann kennengelernt. Wir bekamen zufälligerweise ein Zimmer neben einem Junggesellenzimmer. Mein Mann hörte klassische Musik und las Bücher. Wenn ich herauswollte musste ich immer durch das Zimmer.

Wie war das bei Dir Zwi?

Zwi: Ganz anders. Grundsätzlich bin ich von Neustadt in Holstein gekommen. Das war ein DP-Lager gewesen. Von alleine bin ich dorthin gekommen. Nach dem Todesmarsch von Sachsenhausen wurde ich kurz vor Schwerin befreit. Einen Monat waren wir alle in Schwerin. Als wir hörten, dass Schwerin den Russen übergeben werden sollte, hat man uns nach Lübeck gebracht. In Schwerin haben die Amerikaner uns versorgt, doch in Lübbecke waren bereits die Engländer stationiert. Die haben uns dort in leeren Wohnhäusern untergebracht und sehr schlecht versorgt. Wir hatten eigentlich Hunger und waren auf

---

[3] Dazu: Erhard Roy Wiehn (Hg.), Wer hätte das geglaubt – Erinnerungen an die Hachschará und die Konzentrationslager. Neuauflage der Veröffentlichung von Ulrich Schwemer in der "Schriftenreihe" Evangelischer Arbeitskreis Kirche und Israel in Hessen und Nassau 1998. Mit einem Vorwort von Zwi Helmut Steinitz u. einem Betrag von Ruth u. Herbert Fiedler über Hachscharóth und die Hachschará-Stätte Ahrensdorf, Fotos. Konstanz 2010

gutes Essen angewiesen. Nach einer Weile haben wir erfahren, dass es ein DP-Lager in Neustadt gibt, ein ehemaliger U-Boot-Stützpunkt und dort befanden sich einige hundert Überlebende vom Schiff Cap Arcona, die anderen Häftlinge waren ertrunken. In diesem Lager hat man sehr viele Konserven gefunden, und die Verpflegung war redlich. Das war im Juli 1945, befreit wurde ich am 3. Mai 1945. Einige Monate waren wir in Neustadt. Vier Freunde waren wir, die wir zusammen in Auschwitz bei Siemens gearbeitet haben und zusammen befreit wurden vor Schwerin. Wir hatten vor, schnellstens auszuwandern, weil wir niemanden mehr von unseren Familien hatten. Alle unsere Familienangehörigen sind ermordet und unser Besitz ist geraubt worden. Wir hatten überhaupt keinen Grund, in unsere Heimatorte zurückzugehen. In Auschwitz habe ich mir geschworen, wenn Hitler mich schon zum Juden gemacht hat, weil ich in einer deutsch-jüdischen Familie aufgewachsen bin und die deutsche Kultur im Mittelpunkt des Lebens stand und diese Hölle überlebe, dann werde ich in das Land der 10 Gebote gehen.

Es war kurz nach dem Zweiten Weltkrieg und Transportmöglichkeiten gab es wenige. Wie bist Du dann in "Dein" Land der 10 Gebote gekommen?

Zwi: Nach einigen Monaten kam eine Delegation der jüdischen Garde, eine Militäreinheit, die im damaligen Palästina mobilisiert wurde und an Kämpfen in Italien teilgenommen hatte, nach Neustadt. Nach dem Krieg haben sich einige Soldaten damit beschäftigt, eine illegale Einwanderung nach Palästina zu fördern. So eine Delegation ist auch nach Neustadt gekommen, und wir haben uns bei denen gemeldet. Ende September 1945 hat man uns aufgerufen nach Bergen-Hohne zu kommen. Aus eigenen Kräften sind wir dann über Hamburg und Celle nach Bergen-Hohne gefahren und wurden dort einige Wochen gesammelt. Dann hat man uns Militärkleidung gegeben und in Militärlastwagen über die belgische Grenze geschmuggelt nach Antwerpen. In Antwerpen hatte die Brigade einige Wohnhäuser gemietet, wo man uns Freiwillige, die nach Palästina auswandern wollten, sammelte und unterbrachte. Nach einigen Monaten wurden wir alle nach Südfrankreich gefahren nach Port-de-Bouc, einem kleinen Hafen in der Nähe von Marseille.

Auf einem Schiff namens *Tel Chai*[4] – das war das zweite. Schiff, das nach dem Kriegsende die Küste Palästinas erreichte – am 28. März 1945 war das - noch zu der Mandatszeit. Ich habe sogar noch einen Ausweis mit Foto, der von der Mandatsbehörde ausgegeben wurde. Ich war dann Bürger des englischen Mandats. Wir sind hier direkt angekommen. Nach Zypern hat man im Juni/Juli 1945 die Schiffe umgeleitet. Wir wurden von den Engländern aufgefangen und für zwei Wochen in Atlít (an der Carmel-Küste südlich von Haifa, Foto S. 87) interniert. Warum zwei Wochen? Die Engländer hatten eine bestimmte Quote von 1.400 legalen Einwanderern, dann zog man diese 600 von dieser Quote ab, so sind wir auf diese Art und Weise nach Afikím (nahe des Sees Genezareth, Foto S. 82) ins Jordantal gekommen. Noch in Antwerpen haben wir überhaupt nicht darüber nachgedacht, dass wir in ein uns völlig fremdes Land fahren, dass wir nicht die Sprache können, nicht die Mentalität, nicht die Umstände kennen. Obwohl wir viele Vorträge hörten in Antwerpen. Die Fantasie genügt nicht, um von Vorträgen und Fotos ein vollständiges Bild von einem fremden Land zu bekommen.

Unter uns Vieren war einer, der war zehn Jahre älter als ich, schon 28, der sagte in Antwerpen: Was wird mit uns geschehen, niemand wartet auf uns in Palästina? Yochanan, dieser Freund, hatte den Vorschlag gemacht, wir sollten uns doch der Gruppe anschließen, die den Kibbuz Buchenwald gründen wollte. Wir haben einen Standort, wo wir wohnen werden, wo wir arbeiten werden und wo wir ein Dach über dem Kopf haben. Dann haben wir uns der Gruppe angeschlossen.

Nach dem Entlassen aus Atlít sind wir dann mit der Gruppe nach Afikím gegangen, wo wir im landwirtschaftlichen Bereich ausgebildet werden sollten. Ich wiederhole immer wieder: Wir haben sechs Jahre Kindheit verloren, wir haben keine Schule beendet. Die Bevölkerung hat davon überhaupt keine blasse Ahnung. Hier waren wir eine kleine Gruppe Achtzehnjähriger, die anderen waren bereits 21-24, teilweise hatten sie schon das Abitur, doch wir Jüngeren nicht. Ich habe mit 12 Jahren die Schulbank verlassen. Mir und auch anderen fehlte dann jemand, der einem auf die Schulter klopft und sagt, dass man sich weiterbilden oder einen Beruf erlernen muss.

Und auch Mut machen, kann ich mir vorstellen.

---

[4] Auch der Name eines Ortes in Obergaliläa, in dem Joseph Trumpeldor während eines arabischen Angriffs getötet wurde.

Eingangstor zu Auschwitz II Birkenau mit Rampe (Foto: Erhard Roy Wiehn)

Nein, das haben wir nicht gehabt. Aber der Gedanke über das Leben im Kibbuz hat mich fasziniert. Man erzählte uns, dass die Menschen dort freiwillig leben, die Menschen geben dem Kibbuz, was sie geben können, und der Kibbuz gibt ihnen die Möglichkeit Mitglied zu werden. Im Vergleich zu dem, was wir alles mitgemacht haben, gab mir dieses Leben etwas Liberales, Menschliches und ich meinte am richtigen Platz zu sein.

Ich bin nicht in einer zionistischen Familie aufgewachsen, war auch nicht in einer zionistischen Jugendbewegung, habe also nicht viel davon gewusst. Eigentlich wusste ich auch gar nicht, in welchen Beruf ich mich dort ausbilden sollte. Auch die Möglichkeiten waren sehr begrenzt. Ich habe in Auschwitz bei Siemens gearbeitet, auch vier Tage in Berlin. Im Krakauer Ghetto habe ich in einer Militärgarage gearbeitet, dort war ich als Schlosserlehrling. Eine gewisse Ausbildung habe ich auf diesem Gebiet gehabt und dachte irgendwo in einer Garage oder Schlosserwerkstadt eine Arbeit zu finden. Dazu bestand aber keine Möglichkeit, so blieb mir nur die Landwirtschaft. Ich wusste auch hier nicht, eine Wahl zu treffen. Das war mir das größte Problem. Und am Ende habe ich beschlossen, in den Gemüsegarten zu gehen. Es gab ja noch andere Möglichkeiten, in den Kuhstall, in den Hühnerstall und mehr. Das alles habe ich abgelehnt und bin beim Gemüse geblieben, und als der Kibbuz 1948 gegründet wurde, war ich der Leiter des Gemüsegartens, der mehr Verlust eingebracht hat.

Man hat schwer gearbeitet und nichts verdient. Es gibt ein altes Dorf Be'er Ja'kov, das Anfang des 20. Jahrhunderts gegründet wurde, und dahinter lag eine Farm, die wurde von den Templern gegründet. Das war eine Kollektivfarm. Die Templer wurden von den Engländern während des Krieges verhaftet und nach Australien ausgewiesen. Dort hatten sie einen Hof mit Scheunen und Ställen hinterlassen, und diese Häuser haben uns dann teilweise als Wohnstätte gedient, als Schulen und auch Kindergärten. Buchenwald sollte einen hebräischen Namen bekommen. Netzer ist der Sprössling an einem Baum. Es gab eine Zeit einer politischen Spaltung der Kibbuzbewegung. Diese Spaltung entstand durch die politischen Meinungsunterschiede zwischen denen die auf der Seite Russlands standen und meinten, dass die ganze Geschichte mit den Ärzten, die Stalin ermorden wollten, eine Gräuelgeschichte ist und die anderen sagten, dass alles wahr ist. Daraufhin haben sich bestimmte Kibbuzim geteilt oder Familien sind sogar auseinander gerissen worden. Es gibt einen bekannten Kibbuz, der von deutschen Einwanderern gegründet wurde im Süden des Landes, zwischen Rechovot und Hedera, Givat Brenner. Eine Gruppe hat Givat Brenner verlassen und schloss sich dem Kibbuz Netzer an. Sereni ist kein deutscher Name, es ist ein italienischer. Enzo Sereni war ein Fallschirmjäger, der im Laufe des Zweiten Weltkriegs in Italien abgesprungen ist, um das italienische Judentum zu retten. Der Held wurde geschnappt und erschossen. Nach ihm wurde der Kibbuz benannt. Serenis Frau ist auch unter denen gewesen, die sich dem Kibbuz Netzer Sereni angeschlossen haben.

Dann habe ich meine Frau kennengelernt, und sie war gar nicht begeistert vom Kibbuzleben. Sie kam aus einer Großstadt und hatte auch keinen Sinn für das Kollektivleben. Es war auch ein sehr begrenztes Leben, der Kibbuz wurde auch erst gegründet, man hat auch kein Geld verdient, die Verpflegung war sehr bescheiden usw. Man war so eng miteinander verbunden. Das hat ihr nicht imponiert. Ich hatte einen Lebenszweck in dem Kibbuz gesehen, und es fiel mir schwer ihn zu verlassen. Aber ich habe verzichtet zugunsten unserer Ehe.

Rückblick auf Reginas schwieriges Überleben in Berlin

Regina, Du bist aus Berlin, das hörte ich vorhin und bist in einem Kinderheim am Prenzlauer Berg gewesen. Das habe ich in dem sehr schönen und interessanten Buch von Inge Franken gelesen, "Gegen das Vergessen". Du hattest keine Familie, keine Eltern?

Regina: Oh, doch ich hatte. Sogar sehr gute Eltern. Eine ganz tolle Mutter, die mit 33 Jahren an Tuberkulose gestorben ist. Sie hat sich angesteckt bei ihrem ersten Mann. Meine Mutter Martha kommt eigentlich aus einem evangelisch-christlichen Haus in Berlin Mitte. Sie verliebte sich in einen sehr netten jüdischen Jungen, sie heirateten, und sie trat zum Judentum über. Es wurden zwei Jungs geboren, Benjamin und Theodor. Ihr Mann war Fotograf und hatte ein Geschäft in Berlin. Sie waren beide sehr für Literatur. Von ihnen hatte ich ein Poesiealbum, in dem viele Gedichte standen. Mein Sohn Ami hat in Auschwitz immer wieder ein Gedicht aus diesem Album wiederholt und die Gedichte haben ihm Kraft gegeben. Meine Mutter war jung und er war jung und sie hatten zwei Kinder. Er wurde Tuberkulose krank und meine Mutter pflegte ihn und hat sich angesteckt. Der Mann starb, und meine Mama ist mit den beiden kleinen Kindern alleine geblieben. Später konnten sie sich gar nicht an ihren Vater erinnern. Dieser gestorbene Ehemann hatte einen Freund, der ihm im Fotogeschäft geholfen, auch bei ihm Fotografieren gelernt hat. Er stammte aus Krakau in Polen, und das war dann mein Vater Simon Welner. Mein Vater hatte seinem Freund versprochen, auf meine Mutti und die beiden Kinder zu achten. Daraus hat sich eine Liebe ergeben. Sie haben zusammen gelebt und seine ältere Schwester – er war mit 13 Waise geworden – sagte ihm, er sei zu alt für die Frau und hat ihn ins Ausland geschickt. Mein Vater war dann ein Jahr in Argentinien bei einem Bruder und kam zurück nach Berlin. Das war vor 1930. Meine Mutter wurde schwanger mit uns beiden, mit Ruth und mir. Wir Zwillinge sind geboren am 24. Oktober 1930.

Bis dahin hattest Du noch Eltern, doch irgendwann bist Du in ein Kinderheim, ein Waisenhaus gekommen. Dafür gab es einen Grund.

Ja, der Grund war natürlich Hitler. Mein Vater hatte als polnischer Jude, Ostjude in Deutschland genannt, keine Staatsangehörigkeit. Als Hitler an die Regierung kam, wurde es für die jüdische Bevölkerung sehr gefährlich. Man verbrannte Bücher…Ich kann mich als Dreijährige an Vieles erinnern. Dazu gehört die Stimme Goebbels und was sich auf der Straße abgespielt hat. In Berlin hat sich sehr viel Brutales abgespielt. Alle Juden und andere, die gegen Hitler waren, wurden in Schrecken versetzt. Die einen wurden erschossen oder ins Lager verschleppt. Es gab noch nicht die großen KZs, es waren kleinere Lager. Die Juden, die keine Staatsangehörigkeit hatten, waren besonders in Angst. Doch auch andere, ob sie als Professoren oder in anderen wichtigen Stellen arbeiteten, sind rausgeschmissen worden. Meine Klassenlehrerin war Professorin für Literatur an der Universität und wurde auch entlassen. Diese Entlassenen von der Universität bekamen Arbeitsplätze als Lehrer in jüdischen Schulen.

So manche Ärzte vom Jüdischen Krankenhaus sind gleich ausgewandert mit ihren Familien. Ich ärgere mich heute, wenn Kinder von damals Ausgewanderten meinen, dass ihre Eltern klug waren und es begriffen haben. Na, und 6 Millionen Juden waren nicht klug. Mein Vater hat es noch geschafft, uns in die Jüdische Mädchenvolksschule in der Auguststraße einzuschulen. Wir sind auch in die Synagoge in die Oranienburger Straße gegangen, und ich habe als Kind schon im Kinderchor der Neuen Synagoge in der Oranienburger Straße gesungen und fand dadurch sehr viel innerliche Ruhe. Meine Eltern hatten nicht geheiratet, so hatten wir den Mädchennamen meiner Mutter,

Anders. Dieser Name hat das Leben unseres Vaters und auch unser Leben gerettet. Warum? Von dem Bruder meines Vaters, Aaron, der in New York lebte, bekamen wir alle Papiere zum Einwandern, doch mit unterschiedlichen Namen. Das war schwierig, um ein Visum zu bekommen. Mein Vater hieß Welner und Ruth und ich Anders und meine Mutter, Benno und Theo Rajfeld. Später hat uns das das Leben gerettet. Mein Vater war Junggeselle und man hat ihn einwandern lassen nach Amerika Anfang 1938.

Die Mutter lebte noch, war aber bereits krank. Ihr Kinder wart in Berlin, wart Vielem ausgesetzt und Du und Ruth erst 8 Jahre alt.

Ja, das stimmt, Anfang 1938. Ich möchte aber immer wieder betonen, solange mein Vater in Berlin war, wurden meine Brüder, Ruth und ich sehr gut versorgt. Meine Brüder gingen in die jüdische Jungensschule in die Rykestraße und alles war soweit in Ordnung bei uns. Meine Mutter hatte noch Geld verdient, mein Vater konnte nicht mehr arbeiten, hatte keine Arbeitserlaubnis, führte den Haushalt und hat gekocht. Er ging auch mit uns spazieren. Ich habe die schönsten Erinnerungen daran. Im Lustgarten haben wir die Täubchen gefüttert...

Dann war er aber nicht mehr da, verließ Euch und floh nach Amerika. Wie habt Ihr dann gelebt?

Ja, dann war er nicht mehr da, und es war ein furchtbarer Verlust. Ich kann nur sagen, dass ich mein ganzes Leben lang jeden Tag Sehnsucht nach ihm hatte.

Es war schon 1938 und die Kristallnacht ein einschneidendes schreckliches Ereignis für die Juden und auch Deine Familie. Die Nazis machten Ernst. Hast Du daran eine Erinnerung?

Die Kristallnacht habe ich miterlebt, ich könnte darüber schreiben. Die Nachbarin kam zu meiner Mutter und erzählte ihr, dass "die" (Nazis) die Synagogen angesteckt haben und die jüdischen Geschäfte berauben. Meine Mutter war schon schwer krank, die Tuberkulose war fortgeschritten. Die Thorarolle müsse man retten, meinten die beiden Brüder. Neben unserer Straße in der Kleinen Auguststraße, gab es eine kleine orthodoxe Synagoge des Synagogenvereins Ahawas Scholaum. Ich rannte meinen Brüdern nach und dann sahen wir, dass schon ein anderer jüdischer Mensch die Thorarolle gerettet hatte. Wir nahmen die angebrannten heiligen Bücher und schleppten sie nach Hause in die Dunkelkammer von meinem Vater. Auch andere jüdische Nachbarn versuchten in die brennende Synagoge zu kommen, um zu helfen. Ich lief auf die Straße, und mir wurde in dem Moment bewusst, dass meine Zwillingsschwester nicht da war. Ich rannte die Auguststraße entlang bis zum Rosenthaler Platz, weiter kam ich nicht. Plötzlich spürte ich eine Hand. Das war die Hand meines älteren Bruders Theo und der zischte mir ins Ohr: "Warum bist Du hier, wenn man Dich erkennt, kann man Dich umbringen". Ein unglaublicher Anblick, Hunderte von Menschen waren unterwegs, rauften sich und schlugen auf andere ein, andere waren in den Geschäften und raubten. Da waren auch am Alexanderplatz die bekannten Warenhäuser wie Tietz und andere. Mein Bruder brachte mich nach Hause. Vor kurzem, bevor mein Bruder Theo in England starb, sprachen wir darüber. Wir hatten früher nie darüber gesprochen. Na und wie ich mich erinnere.

Du kannst Dich an Vieles erinnern. Weißt Du noch, ab wann Ihr den Judenstern tragen musstet in Berlin und wann die richtige Ächtung begann in der eigentlich liberalen Stadt Berlin?

Da muss ich antworten. Das hat aber nichts mit dem Judenstern zu tun. Verachtet wurden die Juden in dem Moment als Hitler an die Regierung kam. Man hat die Juden beworfen, man hat ihnen die Bärte abgeschnitten, sie geschlagen und in Lager geschickt. 1936 wurde ich eingeschult und erinnere mich, dass täglich ein anderes bitterlich weinendes Kind zur Schule kam. Nachts hatte man ihren großen Bruder oder den Vater abgeholt. Unsere Lehrerin hat den Unterricht abgebrochen, wir alle haben sie getröstet. Am nächsten Tag kam ein anderes weinendes Mädchen, und so ging das jahrelang. Pöbeleien wie Judensau und Judendreck... Menschen, die wie Juden aussahen mit krummer Nase, schwarzen Haaren und schwarzen Augen wurden geschnappt, das waren oft auch Christen. Eine bittere Hetzpropaganda. An allen Litfaßsäulen und Geschäften standen Verbote für Juden. Seit meinem dritten Lebensjahr habe ich das in meiner gesamten Kindheit eingesogen und war mit Ängsten beladen. Nicht nur ich, jedes jüdische Kind war damit beladen. Wir sind noch nicht mit dem Judenstern zur Schule gegangen, doch wenn wir herauskamen hat uns die Hitlerjugend überfallen. Sie wussten ja, dass wir aus einer jüdischen Schule kamen.

Mein Vater war weg und meine Mutter wurde immer schwerer krank, und Ende 1938 bekam mein ältester Bruder Theo eine Aufforderung von der Gestapo, dass er innerhalb 24 Stunden Berlin verlassen muss, sonst wird er abgeholt. Er wusste nichts damit anzufangen, Geld hatten wir nicht und über Grenzen konnte man auch nicht, die waren bereits für Juden geschlossen. Meine Mutter war eine sehr praktische Person und schickte ihn zur Jüdischen Gemeinde. Tatsächlich konnte man ihm helfen. Ein Kindertransport wurde mit 5000 jüdischen Kindern zusammengestellt, die nach England gebracht werden sollten. Das war ein ganz großer Zufall. Sie haben ihn mitgenommen Ende 1938, nach der Kristallnacht. Nachdem mein Vater Deutschland verlassen hat, wurden alle seine jüdischen polnischen Freunde nach Polen zurückgeschickt. Sie sind in Lodz eingetroffen und kamen ins Ghetto. Meine Schwester ist mit einem polnischen Juden verheiratet und auch Zwi erzählte davon. Sie konnten sich daran erinnern als die Flüchtlinge ankamen, ewig hatten sie in Deutschland gelebt und sprachen überhaupt kein polnisch.

Mein jüngerer Bruder Benno ging noch in die Schule und pflegte meine Mutter und seine kleinen Schwestern, Ruth und mich. Am 24. Oktober 1938 sind wir acht Jahre alt geworden. Er kam später nach Auschwitz. Meine Brüder waren in der jüdischen Jugendgruppe Haschomér-Hatzaír, das erzähle ich vorhin.

Jetzt komme ich trotzdem zu dem Kinderheim zurück.

Ja, meine Mutter starb am 7. Januar 1940. Der Haushalt wurde aufgelöst. Es ist ein dramatisches Erlebnis. Meine Mutter ist bei uns zu Hause erstickt, dann haben wir sie auch begraben, und das alles... Mein Bruder ging in das Hachscharálager[*] der Jugendalija nach Schniebinchen in der Niederlausitz. Die Kinder konnten noch gruppenweise nach Palästina auswandern, doch als der Krieg ausbrach saßen sie alle in der Tinte und konnte nicht mehr weg. Und wir beiden Mädchen kamen in das jüdische Kinderheim in die Fehrbelliner Straße. Da waren nur 50 Kinder. Das Haus gehörte der Jüdischen Gemeinde, im 1. Stock waren die Babys. Die arbeitenden Mütter haben dort ihre Kinder abgeliefert, und im 2. Stock wurden die Schulkinder untergebracht, die nach der Schule kamen, dort aßen und ihre Hausaufgaben machten und spielten bis sie nach Hause gingen. Im 3. Stock war unsere Unterkunft, wir waren aber gar keine Waisenkinder. Es waren Kinder, deren Eltern ihnen weggerissen wurden. Ich war auch kein Waisenkind.

---

[*] Zur Vorbereitung auf die Einwanderung in Erez Israel.

Mein Vater war in Amerika, Ruth und ich waren Halbwaisen. In diesem Kinderheim waren zwei Mädchen, meine Freudinnen, wir schliefen in einem Zimmer, 8 Mädchen, Erika und Meta Haitner. Von denen ist der Vater 1938 nach Sachsenhausen geschleppt worden von der Arbeit weg und kam grün und blau geschlagen zurück. Er kam zurück, was selten passierte. Viele sind erschossen worden oder kamen nach Mauthausen. Dieser Vater kam zurück und musste binnen 24 Stunden Berlin verlassen. Da stand man an der Leine in der Meinekestraße Nr. 10 in Charlottenburg vor dem Palästinaamt, um ein Zertifikat nach Palästina zu bekommen. Wir als Kinder wussten von dem Platz. Menschen standen stundenlang, um irgendwie herauszukommen aus Deutschland. Sie hatten nicht viele Zertifikate, doch weil er in Lebensgefahr war, bekamen er und seine Frau die ersten Zertifikate. Die Kinder Meta und Erika Haitner, meine Freundinnen, kamen daraufhin in unser Kinderheim. Thea und Ruth Fuß, die anderen Klassenkameradinnen, gingen mit uns zu Fuß in die Auguststraße in die Mädchenschule. 1941 hat man die Schule geschlossen. Man brauche bereits Lazarette für die Verwundeten, und wir kamen in die Jungenschule in die Kaiserstraße (heute Jacobystraße), wo wir schichtweise unterrichtet wurden, Hunderte von Kindern.

Der Vater von Thea und Ruth wurde auch nach Sachsenhausen gebracht, und als wir Schulkinder, wir Mädchen, von der Linienstraße über den Koppenplatz gingen, um in die Schule zu kommen, wurde dort ein Riesenbunker gegen Bombenangriffe gebaut. Wir wussten das natürlich nicht. Neugierig, wie wir waren, noch ohne Judenstern, guckten wir in dieses Loch rein und Thea hatte ihren Vater erkannt in Sträflingskleidung und sie schrie, "Papachen, Papachen"… Das arme Mädchen hat ihren Vater zwei Jahre nicht gesehen. Das war so schrecklich…(Regina musste weinen). Der Vater hat den Kopf gehoben, sie gesehen, die Hand vor den Mund gehalten, sie soll nicht sprechen. Er hatte Angst, dass man seine Tochter erschießen würde. Wir haben die Ärmste umarmt und geschleppt vom Koppenplatz bis in unsere Schule, und unsere Lehrer haben sich ihrer angenommen. Ihre Mutter ist noch 1938 nach Schweden ausgereist und wollte die Kinder nachholen. Das ist ihr nicht gelungen. Die beiden Mädchen sind in Riga ermordet worden.

Ein schreckliches Erlebnis hatten wir an einem Nachmittag. Es kam ein Herr ins Kinderheim und brachte ein Mädchen in unserem Alter, damals so 12 Jahre alt. Sie weinte bitterlich und war nicht zu trösten.

Es stellte sich heraus, dass sie die Adoptivtochter von einer richtigen Nazifamilie war. Diese Familie wurde angezeigt und es kam heraus, dass sie ein jüdisches Adoptivkind war. Sie hatten das Mädchen damals als Baby adoptiert. Dieses Mädchen konnte man nicht trösten, sie weinte und weinte und der Herr verließ sie. Ob er ein Gestapoagent oder ihr Vater war, wussten wir nicht, jeder hatte eine andere Theorie. Dieses Mädchen blieb bei uns, wurde auch unsere Freundin und später auch abtransportiert und ermordet.

Und dieser sogenannte Nazi hat sie nicht gerettet?

Nein, er wollte sie nicht retten. – Jetzt pass auf, 1942 hat man beschlossen, das Kinderheim zu schließen und alle Kinder von der Fehrbelliner Straße ins Auerbachsche Waisenhaus zu bringen. Das war ein großes Waisenhaus in der Schönhauser Allee. Die Kinder trugen in dem Heim eine uniformierte Schulkleidung, das wusste ich. Ich hatte Angst vor so einem Heim mit Hunderten von Kindern, und alle trugen die gleiche Kleidung. Ich bin eine Individualistin. Heimlich ging ich nach der Schule zu unserem Apotropos (Hausmeister, Wächter) in der Jüdischen Gemeinde in der Oranienburger Straße, das war Frau Dr. Silbermann. Diese ältere Dame war Sozialversorgerin für meine Schwester und mich, auch noch für viele andere. Niemandem erzählte ich darüber, auch nicht meiner Schwester. Als ich Frau Dr. Silbermann gegenüber saß, fing ich bitterlich an zu weinen, und ich erzählte ihr die Geschichte mit dem Wechsel ins Auerbachsche Waisenhaus und sagte auch gleich, dass das meine Mutti nicht gewollt hätte, dass ihre "Püppchen" so gekleidet wurden. Wir beide waren uns so ähnlich und auch niedlich anzusehen und wurden zu Hause, in der Schule, auch im Heim so genannt. Ich bat Frau Dr. Silbermann um Pflegeeltern. Sie kam um den Tisch herum und hat mich liebevoll in den Arm genommen und getröstet. Ich kann Dir nichts versprechen, meinte sie, es gibt jetzt so viele Waisenkinder.

Es gab viele Waisenkinder, auch hatte man schon viele Familien abgeholt, das normale jüdische Familienleben in Berlin war fast nicht mehr vorhanden. Hat Frau Dr. Silbermann noch eine Familie für Dich und Ruth gefunden?

Sie wird es probieren, versprach sie mir. Zuerst rief sie im Waisenhaus an, um denen zu sagen, dass ich bei ihr bin. Denn für ein jüdisches Kind alleine auf der Straße mit Judenstern auf dem Weg von der

Kaiserstraße über den Alexanderplatz bis zur Oranienburger Straße, war sehr gefährlich. Es hätte viel passieren können. Als ich zurückkam in die Fehrbelliner Straße empfing mich Frau Guttmann und war sehr böse auf mich. Frau Dr. Silbermann meldete sich am nächsten Tag. Sie hatte ein älteres Ehepaar, Familie Schier, gefunden. Der Mann arbeitete in der Verwaltung im Jüdischen Krankenhaus in der Iranischen Straße. Wir packten und zogen zu ihnen. 12 Jahre waren wir alt. Man hatte bereits die jüdischen Schulen geschlossen, und Kinder von 12 Jahren mussten Zwangsarbeit leisten, mussten arbeiten gehen. Meine Schwester und ich, auch andere. Wir sind eingeteilt worden für die Jüdische Gemeinde. Die Gestapo hatte das Gebäude besetzt, weil sie dort die Listen für die Transporte bearbeiteten. Es war keine Gemeinde wie früher, die Gestapo hatte sie übernommen. Wir haben dort die Toiletten und Büros sauber gemacht. Sylvia Wagenburg war im Haus und verteilte Briefe an Menschen, die Familien, mit den Daten der Deportationen. Transportdaten. Sie hatte eine besondere Erlaubnis, um mit der Straßenbahn und der U-Bahn fahren zu dürfen.
Bis 1943 waren wir bei den Pflegeeltern. Diese wohnten in der Dragonerstraße (heute Max-Beer-Straße). Die Juden wurden straßenweise abgeholt und die Menschen zitterten jeden Tag und hatten furchtbare Angst. Fünf Uhr morgens klopft es an die Tür und zwei Gestapoagenten standen vor der Tür und meinten: Frau Schier, machen Sie sich fertig. Ziehen Sie viel an, alles, was Sie am Körper haben, dürfen Sie behalten und nur eine Tasche Gepäck. Unsere Pflegemutter gab uns zum Anziehen und wir dachten, dass wir in ein Ghetto kommen.

Und Ihr beiden Mädchen musstet mitkommen, obwohl die Schiers nicht die leiblichen Eltern waren?

Ja, sicher. Uns wurde von der Gestapo mitgeteilt, keine Fluchtersuche zu unternehmen, da wir umzingelt sind von Polizei. Wir zogen uns an und gingen mit Frau Schier nach unten. Auf der Straße standen bereits eine Menge Leute in mehreren Reihen. Diese Reihen bewegten sich weiter zum nächsten Haus. Die Leute wurden aus dem Haus geholt und weiter ging's bis zur Weinmeisterstraße und zum Rosenthaler Platz bis zur Großen Hamburger Straße zum Sammellager (Jüdisches Altersheim). Alte Menschen, Junge, Kinder, Babys, Kranke, Gebrechliche, alle kamen wir in diese Sammelstelle. Niemand kann sich das vorstellen! Dort lagen und saßen alle Menschen auf dem Fußboden. Nach zwei Tagen wurden meine Pflegeeltern befreit, Herr Schier hatte eine rote Binde, und wurde zurückgerufen zur Arbeit ins Jüdische Krankenhaus. Ruth und ich hatten plötzlich keine Eltern mehr, waren ganz alleine und weinten. Wir waren 13 Jahre alt und unter fremden Menschen. Drei Tage sammelten die Nazis dort, bis ein Transport nach Auschwitz abgehen konnte. Das weiß ich heute. Die Leute rundherum waren entzückend, die haben uns getröstet. Was uns passieren wird, wird auch Euch passieren, Ihr seid nicht alleine. Noch immer haben wir alle gedacht, dass wir in ein Ghetto kommen. Nach zwei Tagen kommen Herr und Frau Schier zurück. Das war eine große Freude. Herr Schier erzählte: Bis 1943 sollte Berlin judenfrei sein. Er lief mit Judenstern auf der Straße, durfte mit keiner Bahn fahren, bis zur Iranischen Straße von der Dragoner Straße aus und an jeder Straßenecke kamen Gestapospitzel in ziviler Kleidung und wollten seine Papiere sehen. Das geschah 5-6 Mal bis er ins Jüdische Krankenhaus kam und das gleiche zurück in die Dragonerstraße, wo seine Wohnung war. Die Wohnungen wurden plombiert und mit einem weißen Davidstern beklebt.

Du und Ruth wart alleine in der Großen Hamburger Straße zusammen mit vielen fremden Menschen.

Jetzt kommt die Geschichte. Weil ich zu Frau Dr. Silbermann gegangen bin waren wir noch ein Jahr gerettet von 1942 bis 1943, 1943 wurde das gesamte Auerbachsche Kinderheim woanders hingebracht und weiter nach Auschwitz deportiert. Alle unsere Freunde und alle unsere Erzieher wurden in den Tod geschickt. Da war unser geschenktes Jahr. Meine Schwester hat einen anderen Schritt getan. Sie gab einer Schülerin, die auch Zwangsarbeit in der Jüdischen Gemeinde machte, ein Briefchen für unsere Oma, die Mutter meiner Mutter, mit. Wir hatten zu der Familie keine Verbindung, weil ein Christ nicht zum Judentum gehen sollte und ein Jude nicht zum Christentum. Wir durften mit niemandem aus der Familie Kontakt haben. Als die junge Frau mit dem Brief ankam, waren bei der Oma eine Tante und mein Onkel, der Bruder meiner Mutter. Die Tante sagte sehr couragiert: Hol' die Kinder dort raus! In die Höhle des Löwen zu gehen, war gefährlich. Die Gestapo hätte ihn auch erschießen können. Irgendwann wurden Regina und Ruth Anders aufgefordert ins Büro zu kommen. Wir beide hatten schreckliche Angst in das Gestapobüro zu gehen. Drin stand mein Onkel. Der war unser Lieblingsonkel, auch ein guter Freund von meinem Vater. Wir sprangen zu ihm und umarmten ihn. Er meinte zu dem Beamten. Sie sehen das sind meine Nichten, ich heiße Robert Anders und das sind meine Nichten Regina und Ruth Anders. Wir sagten, dass wir uneheliche Kinder seien und unseren Vater nicht gekannt haben.

Das ist die zweite Geschichte, die unser Leben gerettet hat. Ich musste meinen Vater verleugnen, den ich wahnsinnig geliebt habe, das kann ich bis heute nicht erklären. Zum Onkel wurde gesagt, dass er den Judenstern entfernen soll, doch auch, dass sie weiterforschen würden, um herauszubekommen, ob unser Vater Jude war. Nach einem Monat mussten wir uns in der Burgstraße im größten Gestapogebäude in Berlin melden. Das war im Sommer 1943. Meine Tante nahm mich, sie hatte selbst zwei Kinder und meine Oma nahm Ruth, meine Schwester. Mein Onkel ging zurück zum Militär nach Norwegen, wo er stationiert war. Die Tante hat uns die christlichen Feiertage gelehrt, das Vaterunser, alles mussten wir auswendig lernen. Uns wurde eingebläut, dass wir unseren Vater nicht kennen, wenn wir in die Burgstraße gingen. Als wir mit der Tante dort waren, kamen Gestapoautos und von der Polizei und haben gefangene Juden halbtot geschlagen, blutüberströmt in dieses Gebäude in den Keller heruntergeschleppt. Wieviel Ängste wir alle durchlebt haben, kann man nicht erklären. Wieder wurden wir nach langem Hin und Her freigelassen und sie wollten weiterforschen. Die Angst blieb!

Letztendlich haben uns die großen Bombardements auf Berlin das Leben gerettet. Tag und Nacht wurde bombardiert, doch durch die Bomben sind wir am Leben geblieben.

Das verstehe ich nicht, schließlich sind bei den Bombenangriffen in Berlin viele Menschen grausam ums Leben gekommen.

Christbäume fielen vom Himmel, ein großer Bombenangriff fand statt, ich habe das beobachtet. Wir hörten nur, dass die Burgstraße einen Volltreffer bekommen hat, dass das ganze Haus mit dem Keller, der Gestapo und den jüdischen Menschen in Schutt und Asche war und unsere Papiere auch. Der Bombenangriff war realistisch, da konnte man sterben, doch die Gestapo war grausam!

Obwohl Du ein junges Mädchen warst und vielleicht doch auch Lebensmut hattest und sicherlich eine Zukunft haben wolltest.

Ach, nein, zweimal habe ich versucht mir das Leben zu nehmen, und bin abgehalten worden. Eigentlich wollte ich nicht mehr leben. Ich sah keine Zukunft, es gab auch keine. Wir waren in einer Falle mit ständiger Verfolgung und Bombenangriffen und waren fortwährend in Gefahr. Ich wäre lieber tot gewesen...

Dann war der Krieg zu Ende?

Die Russen waren unsere Befreier, und als ich dem ersten russischen Soldaten um den Hals fiel und sagen konnte, dass ich eine Jüdin bin... (Regina weinte bitterlich), dass man kein Hund war, dass man ein Mensch war und jüdisch, das war unbegreiflich. Wer das jahrelang erlebt hat, kann nur begreifen, was eine Befreiung war... Die Deutschen reden, wenn es um die Nazis geht ausschließlich vom Krieg, alles wird auf den Krieg beschränkt. Doch wir haben seit 1933 die Erniedrigungen miterlebt und viele schon vor 1930. Tagtäglich wurden die Gesetze anders, viele Juden konnten noch ins Ausland, welch ein Glück, doch was sollte ein Vater mit fünf Kindern machen? Der größte Teil ist umgekommen. Auch die, die sich retten konnten und Auschwitz nicht mitgemacht haben, litten ewig.... Stefan Zweig hat sich das Leben genommen, nicht, weil er glücklich war... Auch Tucholsky in Schweden war frei. Ihre Heimat, ihr Zuhause wurde ihnen genommen, ihre Kultur und ihr Glaube wurden ihnen genommen, Familienangehörige wurden umgebracht, so manche Familie völlig ausgelöscht...

Nach glücklicher Kindheit gerät Zwi unter NS-Herrschaft

Zwi, Du wurdest in Posen geboren, hast dort die Schule besucht, Dein Vater war am Schillergymnasium Lehrer.

Zwi: Er war nicht nur Lehrer, er war einige Jahre Mitglied der Verwaltung, er hat die Lehrerbücherei und die Fremdsprachenbücherei geleitet und pädagogische Vorträge gehalten vor Eltern und Lehrern.

Wie war Dein Leben, Deine Kindheit in der ehemaligen preußischen Stadt Posen, die nach dem 1. Weltkrieg als der deutsche Kaiser abgesetzt wurde, Großpolen zugeteilt wurde?

Nun, ja, ich möchte sagen, dass die deutsche Kultur im Mittelpunkt unseres Lebens stand, und der gesamte Freundeskreis meiner Eltern und auch seine Kollegen waren Deutsche. Meine Mutter gehörte dem Frauenkränzchen an, und die Frauen trafen sich abwechselnd, jedes Mal im Haus einer anderen Dame. Auch dies prägte das gesellschaftliche Leben meiner Eltern. Wir Kinder erfuhren wenig über die Probleme unserer Eltern. Niemals haben sie davon erzählt, das war überhaupt kein Thema in unserer Familie, weder vor dem Krieg, noch im Laufe des Krieges. Meine Erinnerungen sind meine, die ich selbst mitbekommen habe und beobachtet habe. Meine Eltern haben uns niemals von ihren Sorgen, die sie schon im Ghetto hatten, erzählt.

War Deine Familie im Ghetto?

Ja natürlich. – Ich will nur nochmal sagen, in welch einem Haus, in welch einer Familie ich aufgewachsen bin. Ich habe niemals von meinem Vater Klagen gehört als er 1936 zwangsweise in den Ruhestand gehen musste, weil er jüdischer Abstammung war. Die Gehälter des Schillergymnasiums wurden von Deutschland aus gezahlt. Das Schillergymnasium war den deutschen Gesetzen unterstellt, deshalb musste mein Vater gehen, doch weil er Kriegsteilnehmer im 1. Weltkrieg war, hat er weiter eine Pension bezogen. Er blieb dann zu Hause. Mitten im Höhepunkt seiner beruflichen Karriere musste er den Posten verlassen. Der Vater hat dann Privatunterricht zu Hause gegeben hauptsächlich in englischer Sprache. Junge Menschen, die eine Auswanderung planten, wollten Englisch lernen. Mein Vater wird sich dabei sehr schlecht gefühlt haben, doch das habe ich erst als erwachsener Mensch verstanden. In unserem Kinderleben hatte sich eigentlich nichts verändert. Das ist weitergeflossen auf ruhigen Gewässern.

Wann begannen die Repressalien in Posen gegen die jüdischen Bewohner durch die Nazis?

Posen war eine Stadt, in der nur 2.800 jüdische Einwohner lebten. In einer Stadt von 250.000 Einwohnern waren die Juden eine unbedeutende Minderheit, die nur in der Altstadt zum Ausdruck kam, weil sich dort auch die große Synagoge befand, eine liberale Synagoge, wie in Deutschland. Sie wurde auch im 19. Jahrhundert erbaut von den jüdischen Architekten Cremer & Wolffenstein aus Berlin. In Posen wohnte bis 1918 eine ansehnliche bekannte jüdische Gemeinde mit hochgebildeten Ärzten, Rechtsanwälten und anderen. 1918 haben fast alle die Stadt verlassen und sind nach Westen, nach Berlin umgezogen, hauptsächlich nach Berlin. Nur sehr wenige sind in Posen geblieben. Ihre Kinder haben im Schillergymnasium gelernt zu der Zeit, als ich dort auch Schüler war. Wir waren vielleicht 7 oder 8 jüdische Schüler. Solange mein Vater Lehrer in dem Gymnasium war, war ich sozusagen der Sohn des Lehrers, umsorgt von seinen Schülern. Ich war ein glücklicher stolzer Sohn des Vaters.

Doch irgendwann hörte der Stolz auf, sicherlich im Jahr 1936 als der Vater vom Dienst suspendiert wurde?

Ja, 1936. Dann haben sich auch die Schüler von mir entfernt, und es wurde eine jüdische Ecke gegründet, wo sich die jüdischen Schüler in den Pausen getroffen haben. Ich kann nicht sagen, dass wir dort belästigt wurden als Juden. Ich habe auch keinen besonderen Unterschied im Unterricht von Seiten der Lehrer gefühlt. Die haben ja alle meinen Vater gekannt. Für mich war das nicht nur ein Problem nach dem Abgang meines Vaters, auch zur Zeit seines Amtes musste ich mich irgendwie beweisen. Ich wollte meinen Vater nicht blamieren. Ich war immer ein besonders guter Schüler, das muss ich sagen. In Deutschland mussten die jüdischen Schüler alle auf jüdische Schulen wechseln, ich konnte in Posen auf meiner Schule bleiben.

Wie lange war das?

Bis Ende des Schuljahres 1939.

Was war dann und wie ging es weiter?

Dann ist der Krieg am 1. September ausgebrochen, und im November wurden wir mit Tausenden polnischen Familien vertrieben. Sechs Wochen waren wir, meine Eltern, mein Bruder und ich, in einem Lager in der Nähe von Posen interniert. Um fünf Uhr morgens in der Dunkelheit hat die Polizei an unserer Tür geklingelt. Mein Vater wusste nicht, was sie wollen.

Kam das völlig unverhofft, war das zuvor niemandem passiert?

Das war die erste Welle der großen Vertreibung im Rahmen der Germanisierung der Stadt. Die kamen und suchten eine andere Familie mit einem anderen Namen, die sie nicht fanden und haben uns einfach mitgenommen. In aller Eile mussten wir uns anziehen und die Wohnung verlassen für immer. Nichts Weiteres konnten wir mitnehmen. Ich bin auch überzeugt, dass meine Eltern überhaupt keine Zeit hatten, irgendwelche Wertsachen oder Geld mitzunehmen. Mein Vater wollte natürlich wissen, was los sei und was mit der Familie wird. Die Polizisten antworteten, dass sie uns auf die Polizei bringen und dort würden wir alles erfahren. Auch darüber haben sich die Eltern uns gegenüber niemals geäußert.

Sechs Wochen waren wir in dem Internierungslager bei Posen. Dann wurden wir abtransportiert in geschlossenen Viehwagen nach Ostrowiec in der Nähe von Lublin im Osten Polens. Nach stundenlanger Fahrt wurden wir dort in der Nacht abgesetzt. In diesem Sammellager waren die sanitären Umstände katastrophal. Die Kinder bekamen kein Essen, die alten Menschen hatten von zu Hause keine Medikamente mitnehmen können. Die Zustände waren unglaublich schlecht. Dort hat man uns freigelassen in dem kleinen verlassenen Nest. Heute ist das eine größere Industriestadt. Dort gab es eine kleine jüdische Gemeinde und Männer in Kosakentracht standen am Ausgang des Bahnhöfchens und gingen auf meine Mutter zu und fragten, ob sie Jüdin ist. Dann haben sie uns ins Städtchen genommen und uns bei einer jüdischen Familie für einige Tage untergebracht. Die haben uns versorgt. Wir waren fast die einzige jüdische Familie unter den Polen.

Dann verließen wir den Ort in Richtung Warschau. Meine Mutter hatte sieben Geschwister. Eine Schwester ist schon kurz vor dem Krieg von Posen nach Warschau geflohen. Meine Mutter fand ihre Schwester, die dann für uns ein Zimmer gemietet hat. Bei ihr konnten wir nicht wohnen, sie hatten nur ein Zimmer, in dem sie mit ihren erwachsenen Kindern wohnte. Für meinen Vater waren die Umstände in Warschau etwas Schreckliches. Das war ein jüdisches Viertel, ein Milieu, an das wir überhaupt nicht gewöhnt waren. Völlig fremd war das. Mein Vater hat sich nicht auf die Straße gewagt, außerdem hatten wir kein Geld. Wie versorgt man sich mit Essen usw. Ich weiß nicht, wie meine Mutter das geschafft hat. Ich bin mit ihr gegangen Einkäufe zu machen. Meine Mutter hatte einen jüngeren Bruder, der ist nach Krakau gegangen, weil seine Frau von dort kam. Er hat für uns bei seinen Schwiegereltern ein Zimmer besorgt und wir sind nach kurzer Zeit von Warschau nach Krakau gefahren. Ich hatte ein schreckliches Erlebnis. In dieser Zeit mussten wir schon damals eine weiße Binde mit dem Davidstern tragen. Wir hatten keinen gelben Stern, wir hatten einen blauen. Die Juden durften nicht mit der Eisenbahn fahren, doch war die Bahn die einzige Möglichkeit, um nach Krakau zu kommen. Nachts gingen wir zum Bahnhof und sind in einen Zug nach Krakau eingestiegen. Ich sehe jüdisch aus, meine Mutter nicht unbedingt, mein Bruder überhaupt nicht und mein Vater schon überhaupt nicht. (Zwi lachte!) Ich war das Problem gewesen. In einen Schal war ich eingewickelt, es war eisig kalt, wir stiegen in ein mäßig beleuchtetes Coupé ein. Vater und Mutter haben noch einen Sitzplatz bekommen, mein Bruder und ich setzten uns auf den Fußboden am Fenster und deckten uns zu. Vater konnte kaum polnisch sprechen und meine Mutter sprach perfekt polnisch und deutsch. Wir hatten verabredet, wenn wir angesprochen würden, dass nur die Mutter antwortet.

Das war jetzt immer noch auf der Flucht wegen der Germanisierung Posens. Das hatte noch nichts Offizielles mit der Judenverfolgung zu tun?

Ja, doch 1939 war in Warschau die Judenverfolgung in vollem Gange, man musste schon diese Binde tragen, und es wurden bereits viele Leute verhaftet. Man hatte natürlich riesige Angst. Wenn man einen Soldaten erblickte ging man ihm aus dem Wege.

In der Eisenbahn hatten wir ein schreckliches Erlebnis. Zwei junge SS-Banditen kamen hinein und sind von Wagen zu Wagen gegangen und haben geschrien: "Sind hier Juden, sind hier Juden!" Das war das erste Mal, dass ich es richtig mit der Angst zu tun bekam. Die Polen hatten einen guten Riecher für Juden. Sie haben die Juden erkannt, bevor ein Deutscher einen Juden erkennen konnte. Ich sah ja jüdisch aus und hockte in der Ecke und habe den Kopf zur Wand gerichtet und mich mit dem Schal zugedeckt. Keiner der Mitfahrenden hat uns gemeldet. Die SS- Leute schrien weiter. Ich habe am ganzen Körper vor Angst gezittert. In Krakau hat uns der Onkel erwartet.

Wie lange habt ihr Euch in Krakau aufgehalten?

Mein Vater wollte Unterricht geben. Als Fremder einen Schüler zu bekommen, war sehr schwierig. Der Zustand bei den Schwiegereltern des Onkels war dann ein unerträglicher Zustand. Vater konnte immer alleine seine Familie mit Ehre ernähren. Meine Mutter musste niemals arbeiten, wir hatten als kleine Kinder ein Kindermädchen und eine Haushaltshilfe. Mein Vater war plötzlich nicht mehr in der Lage dazu, das war ein Problem für die Eltern geworden. Der Bruder meiner Mutter war ein richtiger Geschäftsmann und hat mit der Schweiz Geschäfte gemacht mit Pelzen, hat viel verdient und hat uns unterstützt. Für meinen Vater war das eine Tragödie. Der Onkel hatte die Wohnung besorgt, in der wir jetzt wohnten, hat sie auch bezahlt. Im April 1940 wurde die restliche jüdische Bevölkerung Krakaus, die vorher nicht schon vertrieben wurde, aufgefordert in das Ghetto umzuziehen. Das

Ghetto war damals noch nicht ummauert, aber jede Familie hat nur einen Raum bekommen. Wir bekamen zufälligerweise eine Küche dazu mit Gasherd und Wasserleitung, das in den anderen Zimmern nicht der Fall war. Dann wurde um das Ghetto eine Mauer gebaut. Meine Eltern schlugen mir vor, eine technische Ausbildung zu machen und schickten mich in eine Schlosserwerkstatt. Ich war dort sehr unglücklich. Meine Pflicht wäre es gewesen, auf eine Schulbank zu sitzen und nicht von einem typischen Schlosser als Lehrling behandelt zu werden, wie das früher üblich war.

Das geschah jetzt alles aus dem Ghetto heraus, der Gang in die Werkstatt und wie lange dauerte diese Ghettozeit?

Im Dezember 1942 ist das Leben im Ghetto zu Ende gegangen bis zur Liquidierung des Ghettos. Dann ging es nach Belzec...

(Können wir jetzt Pause machen, bat Regina, das ist ein zu schweres Thema!)

Jeder Vierzehnjährige musste wenigstens einmal im Monat Zwangsarbeit leisten, entweder in Spitälern, wo verwundete Soldaten lagen oder die Straßen reinigen von Schnee und Eis. Diese Arbeit habe ich getan, aber auch für meinen Vater. In eisiger Kälte und ohne Essen von morgens bis in die Dunkelheit ging diese Arbeit. – Ich konnte nicht ertragen, dass mein Vater diese Demütigung erlebt, die ich als Zwangsarbeiter bereits erleben musste. Ohne Diskussion habe ich für ihn die Arbeit übernommen. Ich habe nie meiner Mutter von der Qual dieser Arbeit erzählt.

Das war noch im Ghetto und dann kam die Vertreibung aus dem Ghetto.

Die Vertreibung aus dem Ghetto fand zweimal auf dieselbe Art statt. Die ganze Bevölkerung wurde aufgefordert, sich in der Jüdischen Gemeinde zu melden. In dem Gebäude selbst war ein großer breiter Korridor. Zu beiden Seiten standen Tische mit alphabetischen Buchstaben und zu beiden Seiten saß ein Henker von der SS. Die SS konnte beschließen, ob die Menschen im Ghetto bleiben dürfen oder zum Tode verurteilt werden. Tausende von Menschen standen vor dem Eingang. Der Drang hinein zu kommen war riesig, weil die Menschen wissen wollten, welches Schicksal sie erwartet. Die Tragik war, dass aus dem Gebäude Menschen herausgekommen waren mit einer Genehmigung, andere der Familie blieben im Gebäude. Dadurch sind Familien auseinander gerissen worden. Unter einem Dach hat man Freudenschreie gehört und bitteres Weinen. Das war ein Zustand, den man kaum mit Worten beschreiben kann, was sich in und an diesem Gebäude abgespielt hat. Wir standen von 6 Uhr morgens bis 6 Uhr abends, bis wir endlich hineinkommen konnten. Gerüchte wurden verbreitet. Man erzählte zu Beginn, dass sie morgens den Leuten Genehmigungen gegeben haben, aber dann später viele Absagen.

Die Panik war groß gewesen, die Angst war riesengroß. Ich weiß nicht, was sich in den Gedanken meiner Eltern abgespielt hat. Ich persönlich habe das Gefühl gehabt, dass hier das Schicksal unserer Familie bestimmt werden wird. Tatsächlich, als wir in das Gebäude hinein gingen, war der erste Tisch an der linken Seite im Korridor mit dem Buchstaben "S". Es standen wenige Leute in der Reihe. Dann kamen wir. Vater vorne, mein Bruder Rudolf hinter ihm, ich war der Dritte. In dem Moment als wir dort standen wechselten die Gestapoleute. Der nachfolgende hatte einen erschreckenden Gesichtsausdruck, einen steinernen Blick. Ich hatte das Gefühl, dass der Mann gefährlich ist. Wir hielten eine Kennkarte in der Hand, auf die eine Genehmigung gestempelt wurde oder man hat ein Kreuz auf die Seite gemalt und damit war das Schicksal der Menschen besiegelt. In dem Moment als der Mann mit dem verbrecherischen eisernen Blick kam, witterte ich Gefahr. Ich zitterte furchtbar und merke, dass etwas Schreckliches geschehen wird und beobachtete ihn. Ich sah, dass er jedem ein Kreuz auf die Kennkarte strich.

In diesem Moment, ich kann das kaum erklären, wie sich das bei mir entwickelt hat, weil ich nie im Leben einen Beschluss gefasst habe ohne Wissen meiner Eltern. Ein mir unbewusster unbekannter Lebenstrieb, ein Instinkt, trieb mich aus der Reihe. Mein Vater kam schon an die Reihe und in letzter Sekunde – es war nur eine Frage von Sekunden – bin ich aus der Reihe geflohen und habe nach einer langen Reihe gesucht und mich dort angestellt. Zitternd und bibbernd am ganzen Körper. Ich stand nun beim Buchstaben L. Ich war natürlich meiner nicht sicher, ob der Mann mich überhaupt anhören wird oder mich zurückschickt zu S. Die Schlosserwerkstatt, in der ich arbeitete, hatte einen Auftrag von der Deutschen Post. Den Zettel hatte ich in der Hand, kam zu dem SS-Mann und legte ihn auf den Tisch und sprach ihn natürlich in fließender deutscher Sprache an. Er sagte plötzlich: "Rede nicht so viel" und gab mir den Stempel auf die Kennkarte. Ich bekam plötzlich Mut und erzählte ihm, dass mein Vater und mein Bruder eine Absage bekommen haben und ob er das vielleicht ändern kann. Nur, wenn der Kamerad seinen Beschluss zurücknimmt, war seine Antwort. Das war nicht realistisch.

Ich habe das Gebäude verlassen und traf dann meine Eltern. Sie haben nicht bemerkt, dass ich aus der Reihe verschwunden war, sie wussten nicht, was mit mir geschehen ist. Ich hatte eine Aufenthaltsgenehmigung in der Hand, im Gegensatz zu meinen Eltern. Du kannst Dir vorstellen, dass kein Grund zur Freude war. Meine Eltern waren bestimmt für die Vertreibung. Zurück gingen wir in unser Zimmer und saßen am Tisch. Meine Mutter hat bitterlich geweint, und mein Vater saß sprachlos am Tisch. Ich bin heute überzeugt, die Eltern wussten genau, dass das das Ende ist, dass sie ermordet werden. Eine Bestätigung dafür habe ich bekommen, als ich am nächsten Morgen, am Tag meines Geburtstages am 1. Juni, meine Eltern zum Sammellager begleitet habe.

Am Eingang standen zwei SS-Offiziere und beobachteten mit verachtenden Blicken die armen Menschen, die sich dort langsam bewegten mit ihrer armseligen Habe, ihren Kindern und alten Eltern. Es war ein erschreckender Anblick, doch sie hatten kein Gefühl, diese Männer. Als wir uns dem Tor näherten explodierte mein Vater und ging auf die SS-Leute zu. Er schrie sie mit erhobene Stimme an: "Ihr Mörder, Ihr Verbrecher..." Das kann nur ein Mensch tun, der weiß, dass er in den Tod geht und sein Leben in seinen Augen bereits wertlos war und nichts mehr zu verlieren hat. Der verzweifelte Aufschrei im letzten Moment. Die SS-Leute zogen sofort ihre Revolver, um Vater zu erschießen. Doch ein jüdischer Polizist, der auch am Eingang stand, trieb meine Eltern durch das Tor und so verschwanden sie vor meinen Augen. Das war ein Teil der Episode, die aber noch nicht zu Ende war.

Zwis Eltern und sein Bruder werden in das Vernichtungslager Bełżec deportiert

Die Eltern waren schon auf dem Weg ins Vernichtungslager und Du hast Deine Eltern und Deinen Bruder nie mehr wiedergesehen, was grausam für Dich war. Für Dich ging das unerträgliche Leben weiter. Du hattest ja einen Stempel bekommen. Erzähl bitte.

Ich ging zurück auf mein Zimmer, und nach eine Weile hörte ich auf dem Flur ein bitterliches Schluchzen, die Tür ging auf und meine Mutti kam hinein in Begleitung eines jüdischen Polizisten. Er ließ sie bei mir und ging. Meine Mutti war in einem verzweifelten Zustand. Sie war erschüttert und weinte bitterlich, sie hat kein Wort gesprochen. Ich wusste nicht, warum, wieso, überhaupt und warum sie die Erlaubnis bekommen hatte das Lager zu verlassen. Es gab eigentlich nur die Möglichkeit in die andere Richtung. Bis zum heutigen Tag ist mir das ein Rätsel geblieben. Ich war so erschüttert über Mutters Zustand. Sie war ein menschliches Wrack, und sie sprach kein Wort. Nach einiger Zeit stand sie auf und sagte nur, dass sie zurück will. So habe ich sie wieder zurückbegleitet in das Sammellager und nie mehr gesehen. Ich konnte mir damals nicht erklären, was dazu geführt hat, dass meine Mutti zu mir kam und wozu sie zurückkam.

Nachträglich habe ich die Vorstellung, dass mein Vater im Sammellager ein Zornausbruch hatte einem SS-Mann gegenüber und dass man ihn vor den Augen meiner Mutti erschossen hat. Über die Wahrheit wäre ich damals schockiert gewesen, noch schockierter als ich schon war, doch bin ich heute der Meinung nachdem ich in Belżec war, dass es für meinen Vater besser gewesen wäre, wenn er das nicht erlebt hätte. Nun weiß ich auch nicht, ob Mutti alleine geblieben ist und mein Bruder nicht auch erschossen wurde. Ich kann mir diese Situation nur in meiner Fantasie vorstellen. Mein ganzes Leben lang quälen mich zwei Geschehnisse. Eines: Dass ich aus der Reihe geflohen bin und meinem Vater oder auch meinem Bruder nicht ein Zeichen gegeben habe. Das war das erste Mal, dass ich einen Beschluss gefasst habe. Ich schreibe viel über meinen Vater, nicht so viel über meine Mutter, weil er eine vorbildliche Schlüsselfigur war und blieb es mein ganzes Leben lang. Dann quält mich natürlich das ganze Leben lang die Frage, was ist wirklich auf dem Sammelplatz passiert. Warum hat Mutter geschwiegen, wieso ist sie gekommen…? Sie ist mit einem Polizisten gekommen. Jemand hat ihm einen Auftrag gegeben. Die Ungewissheit über das Schicksal meines Vaters und vielleicht auch meines Bruders quält mich ebenso.

Das war die erste Aussiedlung, dann kam die zweite.

Die fand auf die gleiche Art und Weise statt und ging nach Belzec. Wieder musste man sich melden usw. Auch das habe ich überlebt.

Dann kam sogar noch die dritte.

Ja.

Du bist ja in mehreren KZs gewesen.

Das kam später. Die dritte Aussiedlung war eigentlich die brutalste, die man sich überhaupt vorstellen kann. Ich habe damals schon nicht mehr in der Schlosserwerkstatt gearbeitet, die wurde geschlossen. Meine Eltern hatten mir kein Geld hinterlassen, ich musste arbeiten, um überleben zu können. Durch Zufall traf ich jemanden, der mir erzählte von dem HKP (Heereskraftpark) in der Stadt Krakau. Dort arbeiteten einige hundert Ghettobewohner als Automechaniker, Schlosser usw. und jeden Morgen gingen sie mit einem Soldaten, einem Feldwebel vom Ghetto in die Werkstatt. Ich ging ans Tor und stellte mich dem Feldwebel vor. In zwei Tagen sollte ich kommen. Ich bin dann mit der ganzen Gruppe morgens in die Garage. Ich hatte Glück, man hat mich in eine Abteilung eingeteilt, die Motoren auseinander genommen hat. Diese Arbeit war für mich eine Therapie. Ich konnte mehrere Stunden die Tragik mit meiner Familie vergessen. Mit einem polnischen Meister habe ich gearbeitet, er war kein Häftling. Er wurde krank und war einige Wochen nicht da. Der Leiter der Abteilung war ein deutscher Soldat, der mir den Auftrag erteilte unter seiner Aufsicht dort weiter zu arbeiten. Du musst Dir vorstellen, da stand ein Tisch. Er stand an der einen Seite und ich an der anderen Seite. Niemand sonst war dabei. Er fragte mich, was denn los sei, warum mehrere Tage einige nicht gekommen sind. Ich habe ihm von der Aktion erzählt. Er war zu Tode erschrocken. Wenn jemand unsere Unterhaltung mitgehört hätte, drohte ihm die Todesstrafe.

Dann kam die dritte Aussiedlung.

Wir wurden aufgefordert, uns um Arbeitsplätze anzustellen. Die Leute, die außerhalb des Ghettos waren, standen in der Schlange auf der Straße. Das Ghetto war natürlich umzingelt und abgesperrt. Zwei SS-Offiziere haben so wie in Auschwitz aus den Reihen Juden herausgeholt. Neben mir stand eine Frau von vielleicht 30 Jahren, die furchtbar gezittert hat. Man holte sie heraus, am Anfang stand ein Mädchen von vielleicht 18, sie war klein gewachsen, sah aus wie ein Mädchen von 12, 13 Jahren. Ich höre ihre Stimme immer noch rufen: "Ich kann doch arbeiten, ich kann doch arbeiten!", doch es hat ihr nichts geholfen.

Ich habe damals schon bei Familie Silber gewohnt, nicht mehr auf dem Zimmer, wo ich früher war, und kam sehr, sehr spät von der Arbeit zurück. Die Leute waren erstaunt, mich plötzlich zu sehen. Die dachten eine Fata Morgana steht vor ihnen. Sie erzählten mir, was sich im Ghetto tagsüber abgespielt hat. Man hatte alle Kinder in Abwesenheit der Eltern und alle Kranken und all diejenigen, die nicht zur Arbeit gingen, herausgeholt mit Gewalt und nach Belzec geschickt.

Zwi in Plaszów, Auschwitz, Buchenwald, Berlin-Haselhorst, Sachsenhausen

Dann begann Deine Odyssee durch mehrere Konzentrationslager. Wie und wo fand das statt?

Das erste KZ war Plaszow, das ist in der Nähe von Krakau. Dort wurden wir hingebracht, wo ich dann beim Barackenbau mitgearbeitet habe. Diese Arbeit konnte ich körperlich nicht leisten. Das Lager wurde im Krakauer Jura aufgestellt, ein hügeliges, felsiges und struppiges Gebiet. Wir mussten die schweren Teile schleppen durch das felsige Gestrüpp. Die Teile waren so schwer, dass man immer wieder umgefallen ist. Die Teile sind auf die Menschen gefallen, sie haben sich die Füße gebrochen und die Hände gebrochen. Ich bin dort fast zusammengebrochen. Ich habe auch gehungert und merkte, dass ich diese Arbeit nicht überleben werde. Dann traf ich einen Mann, der auch im HKP gearbeitet hat und habe ihm mein Leid geklagt, und er versprach mir, zu versuchen, mich dort herauszuholen. Wie er das geschafft hat, weiß ich nicht.

Wo kamst Du dann hin?

Es gab eine Metallwerkstatt in Plaszów, die man im Laufe der Zeit aufgebaut hat, und dort hat man mich eingesetzt, dort hat man auch Nachtschicht gearbeitet. Es gab nichts zu essen, und ich konnte im Laufe des Tages nicht schlafen. Es war immer Bewegung in der Baracke gewesen. So habe ich nicht am Tag und auch nicht in der Nacht geschlafen und gehungert. Es gab laufend Gerüchte, man sprach davon, man würde Transporte in kleinere Lager organisieren in der Nähe von Industriegebieten usw. Ich habe geträumt, mich dazu zu melden. Das waren unberechtigte Gerüchte, doch eine Tages kam eine Meldung, dass man Schlosser sucht. Da habe ich mich gemeldet.

Verstehe ich das richtig: Das sind Arbeitslager gewesen oder waren das auch Vernichtungslager?

Auch Vernichtungslager. In Plaszów hat man Tausende von Menschen erschossen. Als ich noch im HKP arbeitete, vor Wochen, ist man auf einen Geruch von Kalk gestoßen. Und eines Tages hörten wir plötzlich verzweifelte Rufe "Schma Jisrael" ("Höre, Israel, ...", jüdisches Glaubensbekenntnis) und anschließend Salven von Maschinengewehren und die Stimmen verstummten.

Das war dann doch die totale Vernichtung!

Zigtausende von Menschen wurden erschossen. Ich habe auch Erhängung von zwei Häftlingen mitansehen müssen. Man hat auch Menschen aus den Reihen herausgesucht und ihnen 50 Hiebe auf den nackten Hintern gegeben. Das habe ich auch überlebt.

Dann kamst Du ins dritte Lager nach Auschwitz.

Ich habe mich freiwillig gemeldet. Wir wussten nicht, wohin wir kommen und kamen in Auschwitz an. Wir haben keine Selektion überleben müssen, das wurde uns erspart. Wir kamen in das Hauptlager 1. Nach der Quarantänezeit wurde ich in den Zigeunerblock versetzt. Es gab ein Zigeunerlager, und es gab einen Zigeunerblock. Dieser Block war von Kriminellen bewohnt, und die haben mich dementsprechend behandelt. Ich war überzeugt, dass man mich dort totschlägt. Das war das erste Pech und das zweite war, dass man mich in der Bauschlosserei eingesetzt hat und mir einen schweren Hammer in die Hand gab, um ein glühendes Eisen platt zu schlagen. Ich bin dabei zusammengebrochen. Der Leiter, ein Häftling, war sehr brutal gewesen und der hat mich dann halb totgeschlagen.

Nach einiger Zeit gab es diesen Aufschrei, der absolut berechtigt war nach solch einer Brutalität.

Mit fünfzehn bin ich im September 1942 nach Plaszów gekommen, im Februar 1944 kam ich nach Auschwitz. Da hatte ich ein riesiges Glück. In meiner großen Verzweiflung bin ich an einem Mittag, ein Sonntag war das, durchs Lager geschlendert und habe nach einem bekannten Gesicht gesucht, das ich natürlich nicht gefunden habe. Ich war auf dem Rückweg verzweifelt. Damals nannte man die "Roma" noch "Zigeuner". Das ist ja heute anders. Ich hatte riesige Angst wieder auf den Block zurück zu gehen. Mein Essen hatte man mir bereits gestohlen, und nachts sollte ich die Schuhe auf dem Fußboden stehen lassen. Es war klar, dass man sie mir stehlen würde, und es war im

Februar im eisigen Winter. Ich hätte dann barfuß laufen müssen. Also habe ich nächtelang nicht geschlafen und die Schuhe mit auf die Pritsche genommen. Auf dem Weg zurück zu dem Zigeunerblock kam plötzlich ein Häftling auf mich zu. Das war ein jüdischer Häftling, ein Deutscher, der schon jahrelang vorher inhaftiert war in anderen Lagern, so auch in Dachau. Er kam auf mich zu und fragte mich nach meinem Befinden. Warum kam er auf mich zu? Man hatte an meiner Kleidung erkannt, Ärmel zu kurz oder zu lang, Hosen zu kurz oder zu lang und verschlissene Kleidung. Wir unterhielten uns, und er versprach, mich aus beiden Plätzen herauszuholen. Er hat sein Wort gehalten. Es gab in Auschwitz eine Gruppe von deutsch-jüdischen Häftlingen, die sich insgeheim damit beschäftigten jungen Menschen, die gerade erst angekommen sind, sich in großer Gefahr befanden, zu helfen.

Was waren das für Organisationen? Eigentlich waren sie doch auch in Gefahr wenn sie geholfen haben, sie waren doch auch Häftlinge.

Die waren in Gefahr, aber sie haben ihre Arbeit leisten können, weil sie Verbindungen hatten, auch zum Lagerältesten, der auch ein Häftling war, ein deutscher politischer Häftling. Ich kam dann zum Block 128, wo lauter Jugendliche waren, und der Blockälteste war ein Deutscher. Dort bekam ich andere passende Kleidung, bekam eine Pritsche mit zwei Decken.

Was musstest Du nun tun, Du wurdest doch dort nicht nur aufgenommen, Du musstest sicherlich auch arbeiten

Ich bekam dann eine Arbeit in einer Schlosserwerkstatt in einem deutschen Aufrüstungswerk. Es gab dort ein Industriegebiet in Auschwitz, wo man mich eingesetzt hat. Dort waren die Umstände anders. Nicht nur das. Man hat Suppe bekommen in genügenden Mengen, gute Suppe. Ich konnte mich ein bisschen erholen.

Das war 1944. Bist Du bis zur Befreiung in Auschwitz geblieben?

Nein, bis zur Räumung. Ich bin nicht lange auf diesem Block geblieben, wurde wieder in einen anderen Block versetzt. Der Arbeitsplatz ist mir geblieben. Nach einiger Zeit gab es einen Aufschrei: "Selektion, Selektion"... Man sah SS im Block, doch das hatte sich als Fehler erwiesen. Sie kamen, um zu fragen, wer sich als Schlosserlehrling melden möchte. Trotz meiner schlechten Erfahrung habe ich mich gemeldet. Mein Instinkt sagte mir das. Nach einigen Tagen rief man uns auf und fuhr uns zu einem anderen Block. Da saßen zwei Zivilisten – es kamen auch noch Jugendliche von Birkenau –, denen ich erzählte, wo ich gearbeitet und womit ich gearbeitet habe. Sie notierten sich meine Nummer. Nach einigen Tagen wurde ich aufgerufen und noch ein anderer. Man hat uns auf den berüchtigten Block 11 gebracht, wo die Menschen an der Todesrampe erschossen wurden. Dort gab man uns Zimmer und eine bessere Verpflegung. Mehr als eine Woche waren wir da. Dann holte man uns ab und brachte uns in den Siemensbetrieb. Perfekte Fachleute, Feinmechaniker waren dort, die man bereits ausgebildet hatte. Sie wohnten dort auch. Jedem Jugendlichen wurde ein Fachmann zugeteilt für die Arbeit.

So wurde das Leben im Lager erträglicher für Dich und eine Verbesserung des Lebens als Häftling.

Eine ungeheure Verbesserung. Erstens einmal wohnten wir neben dem Betrieb, der Appell war nach 2-3 Minuten zu Ende, zweimal am Tag.

Wie lange hast Du bei Siemens gearbeitet?

Von Ende April 1944 bis zum 17. Januar 1945. Dann wurde Ausschwitz geräumt, wir hatten dann den Todesmarsch vor uns nach Gleiwitz.

Darf ich zwischenfragen: Was heißt Todesmarsch?

Der Todesmarsch war folgendes. Wir hatten Holzschuhe und mussten eine lange Strecke durch tiefen Schnee gehen. An die Holzschuhe klebten sich Schichten von Schnee, und die Schuhe werden zu Eis und erschwerten das Laufen. Man verliert das Gleichgewicht, und das Gewicht der Schuhe ist am Ende so groß, dass man nicht mehr gehen konnte. Ich bekam eine Sehnenzerrung mit wahnsinnigen Schmerzen. Man hatte uns schon vorher gewarnt. Wer sich vor Müdigkeit in den Schnee setzt, schläft ein und erfriert. Das war ein Grund für einen schnellen Tod, der zweite Grund war, dass die SS-Begleitung jeden, der sich müde verhielt, erschossen hat. Tausende von Menschen sind auf diese Art und Weise ums Leben gekommen. Sei es, dass sie erfroren sind oder erschossen wurden. Ich war schon in einem verzweifelten Zustand, dass ich mich auch niedergesetzt habe. Ich bin zum ersten Mal seelisch und physisch zusammengebrochen.

Nach wenigen Minuten kamen zwei Kameraden, die haben mich gesehen, die hoben mich auf und sind mit mir unter dem Arm ein

Stück Weg gegangen. Wir kamen dann plötzlich auf eine Landstraße, die war stark befahren und hatte keinen tiefen Schnee mehr. Ich konnte den Schnee und das Eis von den Holzsohlen abschlagen und alleine weitergehen bis nach Gleiwitz hinein in ein Sammellager. In den Baracken war schon kein Platz mehr. Wir bekamen jeder ein Brot, das ich weggeworfen habe, auch bekam jeder zwei Wolldecken, die gab ich nicht aus der Hand. Ich habe mich in diese Wolldecken eingewickelt und mich draußen in diesem kalten Winter in der restlichen Nacht vor die Baracke hingelegt. Morgens wurde ich durch das Geschrei der Leute wach und bemerkte, dass mir kein Finger, kein Fuß erfroren war. Nach zwei Tagen hat man uns zu den Gleisen befohlen, wo offene Güterwaggons standen. Man hat uns, über hundert Personen, in einen Waggon getrieben. Es war dort kein Platz zum Stehen, irgendwie hatten wir uns arrangiert. Tagelang waren wir unterwegs.

Ich glaube, Du bist dann nach Buchenwald gekommen, nahe Weimar, der Stadt Goethes und Schillers im Jahr 1945.

Ja, nach Buchenwald. Zwei Tage waren wir in Gleiwitz, nach zwei Tagen sind wir dann eine Woche gefahren über Prag und kamen Ende Januar in Buchenwald an. Stundenlang saßen wir bibbernd draußen bis wir in die Waschräume hineinkonnten. In diesen Waschräumen mussten wir uns ausziehen, die Fensterscheiben waren zerbrochen, die Kälte strömte herein. In den Bergen ist es noch kälter als im Flachland. Kannst Du Dir vorstellen unter welchen Umständen das sich abgespielt hat? Nackt hat man uns in einen Raum getrieben, dort stand eine Tonne mit Lysolwasser, und man musste mit dem gesamten Körper bis über den Kopf in diese Flüssigkeit hineinsteigen. Die meisten wollten nicht, dann hat man sie mit Gewalt untergetaucht. Ich habe beschlossen, nachdem ich das beobachtet habe, dass ich alleine einsteige. Ich schließe meine Augen, ich lass mich nicht mit Gewalt hineinstoßen. Dann bin ich zum Waschraum geschlichen, um die Augen zu waschen. Die Waschräume waren mit offenen Fenstern, der Wind hat hineingeblasen und das Wasser war eiskalt. Wir bekamen Zivilkleidung, es waren alles zerrissene Sachen und Holzschuhe und Lappen als Socken. Dann hat man uns hinausgetrieben. Eine geschlagene Stunde standen wir draußen in eisiger Kälte, halbnackt bis sich genügend Menschen gesammelt hatten, dann trieb man uns in eine Baracke. Der Eingang war so schmal, dass nur eine Person hinein konnte. Die Menschen haben Gewalt angewendet, um schnell hineinzukommen. In der Baracke hat es schrecklich gestunken. Dort hat man uns hineingebracht und immer zu zweit mussten wir auf den Pritschen liegen, einer am Fußende, der andere am Kopfende. Die Häftlinge haben ausgesehen, wie lebendige Skelette. Appelle haben dort stundenlang stattgefunden und die Häftlinge sind wie Fliegen gestorben. Die Menschen konnten wegen Entkräftung gar nicht von den Pritschen herunter, doch es musste gezählt werden.

Hast Du bei diesen schrecklichen Torturen, bei dieser Grausamkeit in Buchenwald manchmal daran gedacht, dass da unten das schöngeistige Weimar liegt, die Stadt Goethes und Schillers?

Ich hatte wochenlang ein anderes Gefühl. Bei Tageslicht konnten wir sehen, dass wir rundherum von Bergen und Wald umgeben waren, und ich hatte den Eindruck, dass wir in einem tiefen Krater eines Vulkans leben, wo das Leben keinen Wert hat und eine Aussicht herauszukommen gleich Null ist. Diese Hilflosigkeit und die stundenlangen Appelle halbnackt durchstehen zu müssen war schrecklich. Es wundert mich, dass ich dort nicht erkrankt bin. Das ist ein kleines Glück.

Du warst ein junger Mann und offenbar gesund und hattest einen starken Lebenswillen.

Das junge Alter hat zum Lebenswillen beigetragen, aber man musste auch viel Glück haben. Auch die Gelegenheit nutzen, sich zu retten, nicht jeder hatte die Gelegenheit. Wenn ich als Beispiel meinen Bruder nehme. Auf den Zufall kam es auch an und, dass man Menschen traf in der Not, die einem halfen.

Das war schon kurz vor Kriegsende?

Ja, Januar/Februar 1945. Das Schlimme an der ganzen Sache ist, dass in Buchenwald die heilige Stille herrschte. Man hörte keine Flugzeuge, man hörte kein Schießen, man fühlte sich dort verloren.

Dabei ist Dresden, das ja gar nicht so weit entfernt ist, in der Zeit schwer bombardiert worden.

Dort war eine heilige Stille, man hat von einem Krieg nichts mitbekommen. Das war das Unheimliche, auch waren wir eingesperrt, wir hatten noch Glück, wir hatten auch noch ein wenig Körpergewicht, weil wir zuvor bei Siemens gearbeitet haben. Doch die anderen Häftlinge hatten überhaupt keine Aussicht zu leben.

Mahnmal in Buchenwald von Fritz Cremer 1970 (Foto: Erhard Roy Wiehn)

Wie seid Ihr herausgekommen?

Die Siemensverwaltung hat sozusagen zugesagt, wenn sie uns brauchen, werden sie nach uns suchen.

Warum?

Die Fachleute, die bei Siemens gearbeitet haben, waren erstklassige Fachleute, die sie unbedingt nochmal einsetzen wollten in einem ihrer Betriebe. Tatsächlich, nach einem zweiwöchigen Aufenthalt, die Tage vergingen nicht, man konnte nicht schlafen, die Zustände waren katastrophal, wurde das Siemenskommando aufgerufen. Wir gingen zur Verwaltung, und dort waren die zwei Herren, die uns in Auschwitz eingestellt hatten, Herr Hanke und Herr Junker. Die haben uns in Buchenwald gesucht und gefunden.

Wo brachten sie Dich und die anderen hin.

88 Personen hat man ausgesucht, nicht alle waren im Bereich der Feinmechanik beschäftigt. Wir Jugendlichen waren ja keine Fachleute. Doch wieder ein Zufall, der Wert ist gesagt zu werden. Mein Meister ist erkrankt für längere Zeit, und ich war überzeugt, dass man mir den Auftrag geben wird, etwas anderes zu tun. Nein, ich bin geblieben an dem Tisch, und Herr Hanke kam laufend an den Tisch und gab mir Anweisungen weiterzuarbeiten. Er hat uns gar nicht wiedererkannt, wir hatten uns vollkommen verändert in der kurzen Zeit. Er nahm uns mit nach Haselhorst. Als wir uns Berlin näherten, haben wir plötzlich gemerkt, dass Krieg geführt wird und haben die Zerstörungen gesehen. Das war das erste Mal, dass wir einen Begriff bekommen haben, dass irgendetwas geschehen ist und vielleicht noch geschehen wird.

Jetzt bist Du in Haselhorst, einem Stadtteil von Berlin, und bist nicht mehr im Ghetto oder im Konzentrationslager, hast bereits den Todesmarsch mitgemacht, nun bist Du bei Siemens in Haselhorst angekommen. Wo hast Du gewohnt?

Im Siemenslager wurden wir einquartiert.

Hast Du dort gearbeitet?

Kaum. Es war schon sehr komisch. Wochen waren wir bereits dort, und niemand von Siemens hat sich gemeldet. Vier oder fünf Nächte sollten wir arbeiten, sind aber nie dazu gekommen, weil die ganze Zeit

Fliegeralarm war. Die Gebäude von Siemens standen noch unversehrt. In einem fünfstöckigen Gebäude waren wir untergebracht und sind ständig vom 5. Stock in den Keller gelaufen und wieder nach oben und das mehrmals bei Tag und bei Nacht. Dann machten wir 4 bis 5 Mal Nachtschicht bei Siemens. Das Gebäude in Haselhorst wurde ausgebombt, und man brachte uns nach Sachsenhausen in ein Barackenlager. Unsere Arbeit, die wir geleistet haben in Sachsenhausen, war Graben von Verteidigungslinien um Berlin herum. Nach zwei Wochen Sachsenhausen kam wieder der Aufruf Siemenskommando soll sich melden. Das war fast unbegreiflich, wir sprechen jetzt von März 1945. Was hat sich herausgestellt? Man hat beschlossen, die Siemensbetriebe in Berlin zu räumen mit allen Maschinen und dem Roh-material und diese in den Süden zu fahren. Wir wurden dann zu einem abgelegenen Güterbahnhof gebracht, dort stand ein langer Zug beladen mit den Maschinen usw. und fuhren eine lange Woche in den Süden über Dresden. Wir konnten Dresden von einem Bahnhof aus beobachten und haben die Stadt völlig zerstört gesehen. Einige Stunden hielten wir dort, sind ungefähr 100 km weiter südlich gefahren, weiter konnte der Zug nicht. Den Ort, wo ein neuer Betrieb eröffnet werden sollte, haben wir nicht mehr erreicht. Der Zug fuhr wieder zurück nach Sachsenhausen. Das war schon Anfang April 1945. Bis zum 21. April haben wir weiter an den Verteidigungslinien gearbeitet und am 21. wurden wir geräumt, das ganze Lager. In Gruppen von 500 Personen in Richtung Nordwesten sind wir gegangen auf verschiedenen Straßen.

War das wieder ein Todesmarsch?

Ja, elf Tage dauerte der. Unsere Gruppe ist einige Kilometer vor Schwerin befreit worden in Raben Steinfeld. Das war ein besonderes Erlebnis gewesen, wir kamen dort über eine Brücke, eine kleine Steinbrücke und ein kleiner Panzerwagen kam aus Richtung Schwerin. Ich sehe noch immer vor meinen Augen wie heute: Im Panzerwagen steht ein deutscher Soldat und der Panzer bleibt auf der Brücke stehen. Wir fragten den SS-Mann, wohin sie eigentlich wollen. Wir erfuhren von ihm, dass in Schwerin bereits die Amerikaner sind und hinter uns die Russen. Weißt Du, das war unvorstellbar, denn in den vergangenen elf Tagen habe ich die ganze Zeit gezittert, dass wir wenigen jüdischen Häftlinge, die wir noch waren, dass man uns herausholen wird, weil wir ja gekennzeichnet waren und uns erschießen wird. Es gab Gerüchte, dass man uns eigentlich an die Lübecker Bucht bringe will und dort auf Schiffe verladen wird und das Schiff, wie Cap Arcona, im Baltischen Meer [Lübecker Bucht] versenkt. Ich war überzeugt, dass die uns nicht am Leben lassen.

Durch die US-Armee wird Zwi bei Schwerin endlich befreit

Wie war dann die Begegnung mit den Amerikanern?

Über die Brücke sind wir dann gekommen, dort war ein großes Feld mit Grünfutter für Kühe und andere Tiere, und zu beiden Seiten der Landstraße waren im Hintergrund Wälder. Wir mussten uns auf dem Feld an der linken Seite verteilen. Wir haben zum ersten Mal das Rote Kreuz getroffen, die an uns Pakete verteilt haben, ein Paket für zwei Häftlinge. Das war eigentlich Gift für uns, denn wir hatten elf Tage nichts gegessen. Nachdem die SS den Soldaten mit dem Panzerwagen getroffen haben, haben sie wohl verstanden, dass ihre Karriere zu Ende ist. Es bildeten sich kleine Gruppen, die im Wald verschwanden und niemand hat sie aufgehalten. Das waren die ersten Zeichen, dass wir irgendwie im Zustand der Auflösung waren. So bildeten sich Gruppen, die im Wald verschwanden und nicht mehr zurückkamen und auch Gruppen, die Richtung Schwerin gingen. Ich wollte nicht in den Wald, ich habe mich einer Gruppe angeschlossen, die in Richtung Schwerin ging, doch diese Straße führte auch durch einen Wald. Jedenfalls hat sich ein SS-Mann angeschlossen. Der ging mit uns bis in den Wald hinein und sagte zu uns. Kommt mit in den Wald. Nicht in dem Ton wie früher sprach er mit uns.

Der wollte sicherlich seine Seele retten und sich den Juden anschließen, die er noch vor kurzer Zeit umgebracht hat.

Niemand hat ihn beachtet. Plötzlich war der Wald zu Ende, und an der Landstraße stand ein großer Wehrmachtslastwagen umzingelt von amerikanischen Soldaten. Die deutschen Soldaten, die auf diesem Wagen standen, sprangen herunter, übergaben ihre Gewehre und stellten sich mit gehobenen Händen auf. So spazierte ich in die Freiheit, ohne zu verstehen, dass ich schon auf der anderen Seite bin, schon kein Häftling mehr bin.

Ja, nach so vielen Jahren

Unbegreiflich, unvorstellbar. Die Befreiung hatte ich mir auf diese Art und Weise überhaupt nicht vorgestellt. Sie war auch einmalig im Vergleich zu anderen KZ-Lagern. In Sachsenhausen sind einige tausend Häftlinge geblieben, Kranke, Schwache und solche, die sich versteckt haben, aber die große Masse wurde ja getrieben in den Nordwesten. In Sachsenhausen waren nur wenige jüdische Häftlinge geblieben. Es gab in Sachsenhausen zwei Kommandos: Die einen haben Geld gefälscht für die Gestapo. Die brachte man irgendwo anders unter in Deutschland, und dann gab es noch ein Kommando von jüdischen Häftlingen, die waren Uhrmacher und haben Uhren repariert. Wir waren die einzigen vom Siemenskommando. In den Außenlagern von Sachsenhausen waren überwiegend jüdische Häftlinge, die haben auch diesen Marsch gemacht. Dann kamen noch die von Ravensbrück.

Als wir in die Stadt Schwerin kamen war sie voll von Flüchtlingen, die Stadt war voll mit deutschen Soldaten, die schon ihre Waffen abgeliefert hatten. Man konnte dort machen, was man wollte. Wir vier Freunde waren wieder zusammen. Uns war am wichtigsten die verlauste Kleidung abzulegen. Wir haben nicht mitbekommen, wie wichtig es ist, diese Kleidung aufzuheben aus historischen Gründen.

Ich denke, das war zweit- oder gar drittrangig in diesem Moment...

Da hast Du vollkommen Recht. Noch eine kleine Geschichte, die an den Todesmarsch in Auschwitz erinnert. Als ich in Sachsenhausen zwischen dem 20. Und 21. April 1945 in der Nacht von einem Geräusch in der Baracke wach werde, sehe ich die Häftlinge aus der Baracke rennen. Sie haben die Hände voll mit Brot, mit Konserven und erzählen, dass wir vor der Räumung stehen. Es hat mich überhaupt nicht interessiert. Mich hat interessiert, Schuhe zu wechseln. Ich bin in die Baracke gelaufen und habe Schuhe gesucht. Kleidung, Decken und Schuhe waren in dieser Nacht nicht bewacht, auch nicht das Lebensmittellager. Das war auch ein Rätsel. Ich fand ein paar Schuhe, keine Holzschuhe, obwohl im April schon kein Schnee mehr lag, doch läuft sich leichter mit Lederschuhen. Die Schuhe sind dann in Schwerin auseinander gefallen. Dort bekamen wir neue Garderobe. Zwei Oberhemden von damals habe ich sogar mit nach Palästina genommen. Auf dem Bild im englischen Pass ist eines zu sehen.

Zwi und Regina, ich danke Euch sehr, dass Ihr mir so viel erzählt habt und wünsche Euch noch sehr schöne Jahre mit viel Gesundheit in Eurer Heimat Israel. (Berlin - Oktober 2020)

*

Christel Wollmann-Fiedler: Regina und Zwi Helmut Steinitz wiederholt im Oranienburger Georg Mendheim-Oberstufenzentrum

Am 21. April 1945 räumte die SS das Konzentrationslager Sachsenhausen,[5] und der Todesmarsch für die entkräfteten, noch überlebenden 35.000 Häftlinge, begann in Richtung Ostsee. Auf diesen Märschen starben wiederum Tausende von ihnen. In der Nähe von Schwerin in Raben Steinfeld wurden sie von der amerikanischen Armee in Empfang genommen und befreit.

Unter ihnen befand sich damals der 18-jährige Helmut Steinitz aus Posen. Mehrere Konzentrationslager hatte er überlebt, den Todesmarsch aufgrund seiner Jugend, seines Willens, geschafft. Von den Amerikanern wurde er nach Schleswig Holstein in ein Sammellager gebracht, und sein Wunsch, nach Palästina zu gehen, ging in Erfüllung. Bereits 1945 betrat er das "Gelobte Land" im Hafen von Haifa.

Des Öfteren kommt das Ehepaar Regina und Zwi Helmut Steinitz nach Oranienburg. Das Georg-Mendheim-Oberstufenzentrum lädt die beiden ein. Gerne kommen sie von Tel Aviv an die Havel. 2012 nahmen die beiden den Georg-Mendheim-Preis 2011 in Empfang, und wir alle erlebten die Premiere des Filmes "Leben nach dem Überleben – Regina und Zwi Steinitz". – Im April 2012 wurde dem Film der Oranienburger Toleranzpreis verliehen. Der Ministerpräsident des Landes Brandenburg, Matthias Platzeck, überreichte den Schülern und Lehrern dieses Filmprojektes die Urkunde.

Die Schüler des Georg-Mendheim-Oberstufenzentrums arbeiten in unterschiedlichen Projekten gegen das Vergessen und gegen Rassismus. Das Schullogo bekennt sich zu diesen beiden wichtigen Zielen. Vor Jahren lernten sie Zwi Steinitz kennen, luden ihn zu Zeitzeugenveranstaltungen nach Oranienburg und Berlin ein, um ihn berichten zu lassen aus seinem Leben. Aus dem Leben dieses Mannes aus einer assimilierten jüdischen Familie in Posen und dessen Vergangenheit erfuhren sie viel. Im Jahr 2010 besuchten einige Schüler mit ihrem Schulleiter und Lehrern Israel, waren bei Regina und Zwi Helmut Steinitz

---

[5] Der Sowjetische Geheimdienst errichtete 1945 in Sachsenhausen das Speziallager Nr. 7, wo erneut Zehntausende von Menschen ihr Leben ließen, auch der Schauspieler Heinrich George.

in Tel Aviv zu Gast und bereisten wichtige Stätten und Landschaften in Israel. Gespräche mit den Ehepaar Steinitz und Szenen im Heiligen Land filmten sie. Die Schüler begannen die Filmarbeit bereits in Oranienburg während eines Besuches von Regina und Zwi Helmut Steinitz. Seither werden beide häufig zu Vorträgen und Gesprächen nach Deutschland eingeladen. Zwi Helmut Steinitz vermittelt den jungen Menschen die Zeit von damals, nicht anklagend, aber mahnend: wach zu bleiben, zu beobachten und wenn nötig, den Mund aufzumachen.

Berlin im August 2012

Zwi Helmut Steinitz in Berlin im Oktober 2014 (Foto: Christel Wollmann-Fiedler)

Zwi Helmut Steinitz im "Zug der Erinnerung" in Hamburg mit seinem ersten Buch *Als Junge durch die Hölle...* im März 2008 (Foto: Paul Laipple)

Erhard Roy Wiehn

2. Vor- und Nachworte in der Abfolge der sechs Zwi-Steinitz-Publikationen[*]

2.1. Als Junge durch die Hölle des Holocaust (2006)[6]

Inhalt 55 (5)
Zwi Helmut Steinitz: Memoiren zum ewigen Gedenken[**] 56 (7)
Erhard Roy Wiehn: Die heilige Pflicht zu berichten 61 (11)
Zwi Helmut Steinitz: Als Junge durch die Hölle des Holocaust (15)
1. Kindheit und Jugend im Elternhaus .... (15)
2. Freuden, Pflichten und kleine Sorgen .... (57)
3. Das Elternhaus als Ort der Träume .... (83)
4. Die Zeit zwischen Frieden und Krieg .... (107)
5. Am Beginn einer Weltkatastrophe .... (121)
6. Der Anfang vom tragischen Ende .... (136)
7. Das schwierige Leben in Krakau .... (154)
8. Unsere Leiden im Krakauer Ghetto .... (175)
9. Die Ermordung der Familie in Bełżec .... (208)
10. Im Konzentrationslager Płaszów .... (241)
11. Alptraum Auschwitz-Birkenau .... (266)
12. Der Todesmarsch nach Gleiwitz .... (310)
13. Leiden im Todeslager Buchenwald .... (325)
14. Bei Siemens in Berlin-Haselhorst .... (336)
15. Von Haselhorst nach Sachsenhausen .... (341)
16. Unser schwerer Weg nach Schwerin .... (351)
17. Durch die US Army in Schwerin befreit .... (362)
18. Von Schwerin nach Lübeck und Neustadt .... (372)

---

[*] Siehe Umschlag-Rückseite.

[6] Als Junge durch die Hölle des Holocaust – Von Posen durch Warschau, das Krakauer Ghetto, Płaszów, Auschwitz, Buchenwald, Berlin-Haselhorst, Sachsenhausen bis Schwerin und über Lübeck, Neustadt, Bergen-Belsen, Antwerpen nach Erez Israel 1927–1946. Konstanz 2006, 2. durchgesehene und erweiterte Auflage 2008 (mit zahlreichen Fotos aus dem ehemaligen Krakauer Ghetto heute sowie von der jüngsten Lesetätigkeit des Autors in Deutschland), 3. Auflage 2011, 4. Auflage 2015, 455 Seiten, Fotos. (Zuerst in hebräischer Sprache.)

[**] Die Ziffern ohne Klammern sind die Seitenzahlen in diesem Buch; Ziffern in Klammern sind die Seitenzahlen in dem betreffenden Buch.

19. Neustadt/Holstein, Bergen-Belsen, Antwerpen .... (380)
20. Ankunft in Erez Israel und im Kibbuz Afikím .... (407)
Nachwort 66 (415)
Schlomit und Ami Steinitz: Ein Nachwort der Kinder .... (418)
Zwi Helmut Steinitz: Eine kurze biographische Notiz .... (419)
Herausgeber .... (422)

Zwi Helmut Steinitz: Memoiren zum ewigen Gedenken

*meinen Eltern Salomea und Hermann Steinitz
und meinem Bruder Rudolf zum Gedenken,
die im Vernichtungslager Bełżec ermordet wurden,
aber auch allen anderen Familienangehörigen gewidmet,
die an unbekannten Orten ums Leben kamen,
sowie denen zum Dank, die mir beim Überleben halfen*

Jahrelang beschäftigte mich der Gedanke, das traurige Schicksal meiner Familie, die im Holocaust umgekommen ist, schriftlich zu dokumentieren. Fast mein ganzes Leben lang versuchte ich jedoch, die traurige Vergangenheit zu verdrängen und hütete mich davor, die Jahre der Leiden und Tränen wieder aufleben zu lassen. Selten erzählte ich von den Geschehnissen der Kriegszeit. Niemals kehrte ich in das Land zurück, in dem der Tod hauste und Ströme jüdischen Blutes diese Erde überschwemmten. Vor dem schweigenden Massengrab in Bełżec, in dem meine Eltern, mein Bruder und meine Tante zusammen mit Hunderttausenden jüdischer Opfern begraben liegen, war ich nicht imstande zu stehen. Ich konnte dem Tod meiner Lieben nicht in die Augen schauen, für mich leben sie weiter.

Nach Jahren tauchten des Öfteren lebendige Bilder der schrecklichen Kriegsjahre auf, die meinen Alltag überschatteten und mein Gemüt belasteten. Das Alter machte sich auch bei mir bemerkbar, ich war nicht mehr der Jüngste und fühlte bereits das Drängen der Zeit, die Geschichte meiner Familie doch endlich niederzuschreiben. Mein Leben lang verfolgt mich die Frage, wie ich den Krieg überlebt habe, woher die seelischen und körperlichen Kräfte stammten, die mir halfen, jahrelange Qualen zu überleben. Für mein Überleben gibt es keine Erklärung, doch bin ich mir sicher, die Kinderstube, die ich in meinem Elternhaus genoss, hatte einen bedeutenden Einfluss auf meine seelische Standhaftigkeit und Entschlossenheit, insbesondere in kritischen Situationen.

Vater Hermann Steinitz mit Rudolf und Helmut auf dem Plac Wolności in Posen ca. 1932/33 (Foto: Familie Steinitz)

Meine Eltern haben meinen Bruder und mich mit viel Liebe und menschlichen Werten erzogen, die ich in mein Leben mitgenommen habe. In Augenblicken tiefster Not und Lebensgefahr erwachten verborgene Kräfte, die meine Sinne schärften und mein Leben retteten. Ich glaube fest daran, dass menschliche Werte, die im Elternhaus vermittelt werden, einen Menschen immer begleiten und sich zu Grundsätzen formen, mit denen ein junger Mensch selbständig ins Leben gehen kann. Hätte ich diese Grundsätze nicht erworben, hätten mich auch blindes Glück und gelegentlicher Zufall nicht retten können.

Als einziger Überlebender der Familie fühlte ich mich moralisch verpflichtet, das Schicksal meiner Familie, ihr Leben vor dem Krieg und im Laufe des Krieges bis zu ihrem tragischen Tod schriftlich zu verewigen. Ich hatte das außerordentliche Glück zu überleben und besitze heute genug seelische Kraft, mich mit den Schrecken der damaligen Zeit zu befassen und über die Geschichte meiner Familie zu berichten. Der schändliche Versuch der Nazis, ihre Existenz auszulöschen und sie vom Erdboden verschwinden zu lassen, wird nicht in Erfüllung gehen. Meine Eltern und mein Bruder haben kein persönliches Grab und keinen Grabstein - meine Memoiren sollen diese zum ewigen Gedenken ersetzen.

Erstmals versuchte ich schon 1986, die dramatischen Jahre zu schildern, doch damals fehlte mir die notwendige Kraft. 1989 unternahm ich einen neuen Versuch, schreckte jedoch abermals vor dieser Aufgabe zurück, weil ich fürchtete, neue Wunden aufzureißen und die tragischen Kriegsjahre wieder aufleben zu lassen.

Als Erwachsener und Vater zweier Kindern habe ich mich öfter gefragt, welche Gedanken meine Eltern damals beschäftigten und was sie in dieser grausamen Zeit fühlten. Wie bewältigen Eltern ein Leben in täglicher Todesangst, ein Dasein in Ohnmacht und absoluter Hoffnungslosigkeit? Sie erkannten die schändliche Absicht der Deutschen, das jüdische Volk zu vernichten und hatten nicht die geringste Möglichkeit, ihre Söhne vor dem Abgrund zu retten. Wie war es überhaupt möglich, in einer derart erstickenden Atmosphäre zu atmen? Denn sie waren nicht mehr Herr ihres Schicksals, sondern hilflos in der Hand erbarmungsloser deutscher Nazi-Schergen.

Immer wieder stelle ich mir die Frage, wie es meinen Eltern gelang, uns von ihren schweren Sorgen fernzuhalten, obwohl wir im Ghetto in einem Raum zusammenwohnten. Mit allen Kräften versuchten sie, uns zu beschützen. Kein Wort von ihren unbeschreiblichen Sorgen, Ängsten und schwarzen Gedanken, die sie Tag und Nacht belasteten. Mutter und Vater waren Helden.

In den ersten Jahren nach meiner Ankunft in Israel und als junger Mensch von den Errungenschaften der damaligen Pioniere fasziniert, widmete ich mich mit Begeisterung der zionistischen Idee und der Gründung eines neuen Kibbuz. Einige Jahre später haben meine Frau Regina und ich dann den Kibbuz verlassen und unser Glück in der Stadt gesucht. Den Kibbuz, der noch ganz am Anfang stand, haben wir völlig mittellos verlassen.

Das Leben in der Stadt war für jeden Anfänger hart und verwöhnte auch uns nicht. Wir hatten weder Familie noch Freunde, die uns behilflich sein konnten, doch besaßen wir einen starken Willen und große Hoffnung auf eine bessere Zukunft. Mit diesen Werten und mit dem grenzenlosen Lebensmut junger Menschen bewältigten wir gemeinsam die damaligen Schwierigkeiten und Hindernisse, die uns im Wege standen. Der Existenzkampf verdrängte eine Zeitlang die belastende Vergangenheit. Als Überlebende des Holocaust waren wir vor allem darauf bedacht, ein neues Familienheim aufzubauen.

Jahrelange Existenzsorgen konnten uns nicht entmutigen, und gemeinsam erreichten wir schließlich unser Ziel. Sämtliche Schwierigkeiten und Sorgen waren im Vergleich zu den bitteren Erfahrungen der Kriegsjahre eigentlich ein Kinderspiel. Wir waren jung, begeistert und voller Hoffnung, bereit zu verzichten und in Bescheidenheit zu leben. Jahre vergingen, doch der ersehnte Friede war unserem kleinen Land nicht vergönnt. Die Europäer genossen bereits jahrelangen Frieden, und wir, die Überlebenden des Holocaust, mussten für unser Recht auf ein eigenes Land immer wieder kämpfen. Die ewigen Spannungen und die Trauer, die das israelische Volk andauernd heimsuchen, können Worte kaum beschreiben, man sieht kein Ende und kommt nicht zur Ruhe.

Weder ein Mensch noch ein Volk kann seine Vergangenheit auslöschen, sie begleitet einen das Leben lang. Viele Überlebende brachen unter der Last der schrecklichen Erlebnisse kurz nach Beginn eines neuen Lebensabschnittes zusammen. Viele erreichte die lange Hand des Holocaust in späteren Jahren. Niemand in der Welt begriff die verhängnisvollen Erlebnisse und deren Folgen, die nach der Befreiung die Überlebenden seelisch belasteten. Niemand sorgte für rechtzeitige Behandlung der Betroffenen oder machte sich Gedanken über die Gefahr der Spätfolgen des Holocaust-Schocks.

Ohne jede Vorwarnung erschienen auch mir Visionen grausamer Bilder der Vergangenheit, die mein Gemüt beherrschten. Nur mühsam gelang es mir, in die Gegenwart zurückzukehren und mich zeitweise von den grauenhaften Bildern zu befreien, die immer öfters erschienen, mich plagten und verfolgten. Regina bemerkte meine Leiden und weihte unseren Sohn Ami ein. Wir waren uns im klaren, dass ich sofortige Hilfe brauchte.

Nach einer gemeinsamen Beratung vereinbarte unser Sohn einen Termin bei AMCHA, einer Einrichtung, die Überlebenden psychologische Hilfe leistet. Im August 1990 hatte ich ein erstes Treffen mit Frau Tali Rasner, die mich in Behandlung nahm. Dank ihres außergewöhnlichem Feingefühls und Verständnisses öffnete sich mein verschlossenes Herz. Zum ersten Mal befreite ich mich von der verborgenen Last, die an meiner Seele nagte. Nach langer Schweigsamkeit sprach ich mich bei Tali Rasner hemmungslos und offen aus. Hemmungslos strömten meine haarsträubenden Erlebnisse wie ein Wasserfall, und ich fühlte erstmalig Anzeichen einer Erleichterung. Sie öffnete nicht nur mein Herz, sie erwarb mein volles Vertrauen, und ich danke ihr von ganzem Herzen für ihre erfolgreiche Hilfe.

Nach jahrelanger Behandlung fühlte ich mich im Sommer 1997 stark und reif genug, die Geschichte meiner Familie niederzuschreiben, und zwar in der Hoffnung, diesmal mein Lebenswerk zum Andenken an meine teure Familie zu beenden. Die Tatsache, dass ich in der Lage war, die Geschichte meiner Familie zu schreiben, scheint ein Wunder zu sein, denn es fiel mir nicht leicht, die schrecklichen Kriegsjahre noch einmal zu erleben, und ich musste stark sein, um durchzuhalten. Die Geschehnisse dieser Schreckenszeit beweisen, wie stark der Einfluss des Elternhauses in jeder Situation auf das Verhalten eines Menschen wirkt. In meinem Falle erwachten tief verborgene Instinkte, die mir in Augenblicken größter Gefahr oft das Leben retteten, und das konnte kein Zufall sein. Sie keimten zweifellos in der Jugend im Elternhaus, ihnen verdanke ich die Geistesgegenwart, die mir das Leben rettete. Meine Memoiren sollen eine Art ewiger Gedenkstein für meine Familie sein und ihr Leben unvergessen machen.

Erinnerungen können niemandem das Leben wiedergeben, sie dokumentieren jedoch eine noble deutsch-jüdischen Familie, die ihre Menschlichkeit mit Hingabe und Liebe nicht nur der eigenen Familie, sondern auch der Gemeinschaft schenkte. Der tragische Tod meiner geliebten Eltern und meines lieben Bruders riss schmerzhafte Wunden, und Trauer herrscht in mir bis zum heutigen Tag. Der 1. Juni 1942, der Tag unseres unvermeidlichen, tragischen Abschiedes, war zugleich mein Geburtstag. Leider konnten meine Eltern nicht wissen, dass es mir beschieden war, den Krieg zu überleben. Vielleicht gingen sie aber mit dieser Hoffnung in den Tod, anders ist ihr Entschluss nicht zu erklären, mich im Ghetto zurückzulassen.

Die Geschichte und das Schicksal der Familie Steinitz erzähle ich für kommende Generationen. Ihre traurige Geschichte charakterisiert das Schicksal des ganzen jüdischen Volkes, von dem sechs Millionen mit grausamer deutscher Gründlichkeit planmäßig vernichtet wurden. - Sehr herzlich danke ich meiner Frau Regina, die mich beim langwierigen und schweren Schreiben stets unterstützt und ermutigt hat, meinen Kindern Schlomit und Ami, meinen Freunden, Frau Ursula Geschke, der Tochter Dr. Dietrich Vogts, des damaligen Direktors des Schiller-Gymnasiums in Posen (S. 10) für die Schul-Fotos samt Namen und nicht zuletzt Professor Roy Wiehn von der Universität Konstanz und seinen Helferinnen, die mit ihrem Engagement aus meinen Erinnerungen das vorliegende Buch gemacht haben.

Tel Aviv, im April 2006

Erhard Roy Wiehn: Die heilige Pflicht zu berichten

Helmut Steinitz wird am 1. Juni 1927 in Posen[7] geboren, wächst mit seinem jüngeren Bruder Rudolf in der Geborgenheit einer kultivierten liberalen jüdischen Familie auf, die sich in jeder Hinsicht deutscher fühlt als jüdisch, gerade auch in dieser Stadt, die nach dem Ersten Weltkrieg polnisch geworden war. Deutsche Literatur, Lyrik, Kunst und Musik sind im wahrsten Sinne des Wortes bei Familie Steinitz zu Hause.

Helmut und Rudolf um Mitte der 1930er Jahre (Foto: Zwi Familie Steinitz)

---

[7] Posen gehörte seit der Zweiten Polnischen Teilung bzw. seit 30. Januar 1793 zu Preußen und war Hauptstadt der preußischen Provinz Posen; mit dem Versailler Vertrag kamen die Stadt und weite Teile der Provinz zu Polen; im September 1939 folgte die Besetzung durch die deutsche Wehrmacht, Posen wurde Hauptstadt des Reichsgaues Wartheland; am 4. Oktober 1943 gab es hier die berüchtigte dreistündige geheime Rede des Reichsführers SS und Chefs der deutschen Polizei, Heinrich Himmler, vor 92 SS-Offizieren zur "Endlösung der Judenfrage"; am 23. Februar 1945 wurde Posen von sowjetischen Truppen unter General Schukow erobert; 1999 wurden "1000 Jahre Posen" gefeiert und 2003 "750 Jahre Stadtrecht".

Vater Hermann Steinitz war im Ersten Weltkrieg kriegsfreiwilliger Frontsoldat der Artillerie und unterrichtet als hochgeachteter und verehrter Professor am deutschen Schiller-Gymnasium in Posen Deutsch, Englisch und Französisch. Mutter Salomea ist eine liebevolle, gebildete, musische, musikalische Frau, von ihrem Mann und ihren Kindern geliebt und im nichtjüdischen Freundeskreis beliebt und hoch geschätzt.

Zunehmende judenfeindliche Erfahrungen werden zwar wahrgenommen, aber noch nicht wirklich ernst genommen, was sich aber zu ändern beginnt, als der Vater 1936 sein geliebtes Schiller-Gymnasium verlassen und seine Familie nun durch Privatstunden ernähren muss.

Helmut ist gerade 12 Jahre jung, als die deutsche Wehrmacht samt SS-Einheiten am 1. September 1939 Polen überfällt, besetzt und die jüdische Bevölkerung sofort gnadenlos zu terrorisieren beginnt. Die Familie flieht kurzzeitig aufs Land, kehrt dann nach Posen zurück, wo ihre Wohnung schon bald durch einen SS-Mann kalt konfisziert wird.

Die Familie erlebt auf der Durchreise das schon beängstigende Warschau, gelangt dann zu Mutters Lieblingsbruder nach Krakau, wo mühsam eine Bleibe gefunden wird, muss aber bereits Anfang März 1941 ins Ghetto als demütigender Anfang von einem noch unvorstellbaren, allzu schnellen grausigen Ende. Schon am 1. Juni 1942, genau an Helmuts Geburtstag, werden die Eltern und Rudolf mit dem ersten Transport in das Vernichtungslager Belżec deportiert und sofort völlig unschuldig ermordet, weil sie Juden sind.

Helmut, mit gerade 15 Jahren durch seine Geistesgegenwart und viel Glück dieser Todesdeportation nur knapp entronnen, ist ab jetzt ganz allein auf sich selbst gestellt, kommt zum Arbeitseinsatz in eine Kfz-Werkstatt der deutschen Wehrmacht, wird nach der Liquidierung des Krakauer Ghettos in das berüchtigte KZ Płaszów bei Krakau verbracht (das viel später durch Steven Spielbergs Film "Schindlers Liste" bekannt werden sollte), wo er durch unmenschliche Sklavenarbeit und brutale Wachmannschaften in äußerste Lebensgefahr gerät.

Um Płaszów schnellst möglich zu verlassen, meldet sich Helmut mit anderen Kameraden freiwillig, als eines Tages Schlosser gesucht werden, landet dann ebenso ungewollt wie schockiert in Auschwitz I, um dort ab 21. Februar 1944 erst recht einen wahren Alptraum zu erleben, den er nur mit Mühe und wiederum mit viel Glück überlebt, als er ins Siemens-Kommando versetzt wird, das eine gewisse Überlebenschance bietet.

Am 17. Januar 1945 beginnt dann der Todesmarsch von Auschwitz nach Gleiwitz, von dort folgt eine winterliche Todesfahrt im offenen Güterzug zum KZ Buchenwald bei Weimar, das längst als gefürchtetes Todeslager gilt. Helmut hat wieder einmal Glück im Unglück und wird als früherer Siemens-Arbeiter am 22. Februar 1945 in ein Siemens-Werk nach Berlin-Haselhorst geschickt.

Nachdem dort infolge alliierter Luftangriffe nicht mehr gearbeitet werden kann, wird Helmut ins KZ Sachsenhausen bei Berlin verlegt, beginnt am 21. April 1945 den schweren Weg nach Schwerin, wo er nach fast sechs Jahren Krieg und vier unmenschlichen Häftlingsjahren als einer der jüngsten Sklavenarbeiter des Großdeutschen Reiches im Alter von nicht einmal 18 Jahren am 3. Mai 1945 von Soldaten der US Army befreit wird.

Nach vier Wochen in einem amerikanischen Militärcamp folgen viele Monate in verschiedenen DP- und jüdischen Sammel-Lagern in Lübeck, Neustadt an der Ostsee (wo er den jüdischen Vornamen Zwi annimmt), Bergen-Belsen und schließlich Antwerpen, von Angehörigen der Jüdischen Brigade betreut, bis in einem südfranzösischen Hafen die stürmische Reise ins Wunschland Israel beginnt, wo Zwi alias Helmut am 27. März 1946[8] – vor 60 Jahren! – unter britischer Bewachung endlich an Land gehen kann. Nach zwei Wochen im britischen Internierungslager Atlít bei Haifa ist er wirklich frei, um für zwei Jahre sein neues Leben im Kibbuz Afikím im Jordantal zu beginnen.

Das Leben geht dann außerhalb des Kibbuz in Israel weiter, doch auch die Folgen der Schoáh wirken weiter. Schlomit und Ami, Zwi-Helmuts und Reginas Kinder, wachsen ohne Großeltern auf. Die deutsche KZ-Nummer 174251 auf Zwi-Helmuts linkem Unterarm bleibt ebenso wie die nicht weichenwollende schreckliche Last der Erinnerung.

Einem himmelschreienden Unrecht folgt schließlich das andere: Denn was sogenannte "Wiedergutmachung" aus Deutschland für sich selbst oder das Hab und Gut und Leben seiner Familie betrifft, so hat Zwi Helmut Steinitz Ende der fünfziger Jahren nur eine lächerlich kleine "Abfindung" für "Schaden an Freiheit" und Ende der neunziger Jahre eine weitere "Abfindung" des deutschen Industriefonds erhalten. Kompensation als Erbe seines Vaters wurde Anfang der sechziger Jahre

---

[8] Dieses Datum bestätigen auch Zwi Helmut Steinitz' Kameraden, im Museum von Atlít/Israel ist jedoch als Ankunftsdatum der "Tel Chai" der 28. März 1946 verzeichnet.

mit der Begründung abgelehnt, dass "der Erblasser keine örtliche Beziehung zur Bundesrepublik bzw. zum Deutschen Reich nach Gebietsstand vom 31.12.1937 gehabt hat."

Die Lebens- und Familiengeschichte der Familie Steinitz gehört zweifellos zum Unglaublichsten, Tragischsten, Schrecklichsten, das man in der autobiographischen Holocaust-Literatur überhaupt finden kann. Zwi Helmuts Erinnerungen sind selbst im großen zeitlichen Abstand unglaublich genau, hautnah und berührend, ein wichtiges zeitgeschichtliches Dokument, das die Einmaligkeit, Besonderheit und Monstrosität der NS-Verbrechen und Deutschlands Schuld am Beispiel einer einzigen Familie und des einzig überlebenden Jungen besonders drastisch deutlich macht.

Zwi Helmut Steinitz berichtet übrigens in einer gewissen chronologischen und wie in einem Tagebuch datierten Reihenfolge, durchbricht aber immer wieder insbesondere die schwarze Chronologie, enteilt ihr in die spätere Zukunft voraus, kommt aber vor allem auch immer wieder in die allzu gegenwärtige Leidens-Vergangenheit wie nicht zuletzt in die glückliche Vorvergangenheit der Kindheit zurück (durch * * gekennzeichnet). Man kann sich wohl kaum vorstellen, wieviel Kraft und Nerven es den Autor gekostet haben mag, sowohl seine schönen Kindheitserinnerungen als auch insbesondere seine nachtschwarzen Holocaust-Erinnerungen niederzuschreiben, um dabei alles noch einmal durchleben und durchleiden zu müssen. Dafür und dass er uns seine Erinnerungen anvertraut hat, sei Zwi Helmut Steinitz sehr herzlich gedankt.

Er empfindet ebenso wie wir eine "heilige Pflicht zu berichten" und hat damit seiner Familie ein Denkmal und der Öffentlichkeit ein Mahnmal gesetzt, das ganz bestimmt bleibt. Diese Erinnerungen sind unter dem Titel *'Makom elav lo schavti meolam'* ('A place of no return') 2003 in hebräischer Sprache in Israel erschienen (S. 422), wurden vom Autor ins Deutsche übertragen und für die *Edition 'Schoáh & Judaica'* seit Herbst 2005 von uns bearbeitet. Auslassungen, vor allem von Wiederholungen, sind durch (...) gekennzeichnet. - Herzlich zu danken ist auch Jacqueline Puci für mehrfaches, geduldiges Korrekturlesen, Gabriela Kruse-Niermann M.A. nicht nur fürs Scannen, Heinz Neumann und Jutta Obenland (alle Universität Konstanz) für freundliche PC-Hilfe.

Karol Sauerland (Universität Warschau) erinnerte aus gegebenem Anlass jüngst daran, dass Heinrich Heine 1822 in seiner ersten Reisebeschreibung "Über Polen" den Juden besondere Aufmerksamkeit widmete und auch Posen besuchte. Die Juden hätten Anfang des 20. Jahrhunderts in Posen eine neue Synagoge erbaut, deren Gehäuse bis heute erhalten sei. Marcin Libicki, Abgeordneter der PiS-Partei (Recht und Gerechtigkeit) im Europäischen Parlament, habe nun deren Abriss gefordert, "weil sie ein Wahrzeichen des Bismarckschen Kulturkampfes sei. Die Juden hätten, ermuntert von den preußischen Deutschen, ein Gebäude errichtet, das die katholische Kirche, das Wahrzeichen des Polentums, überragt. Auf diese Weise sei die deutsche Dominanz in der Stadt manifestiert worden. Die Juden seien zu dieser Zeit ja als deutsche Patrioten aufgetreten." Die Jüdische Gemeinde Poznań habe nun vorgeschlagen, "das Gebäude zur Einrichtung eines Zentrums für Judaismus und Toleranz zu nutzen." Karol Sauerland schließt: "Dass Posen auch eine jüdische Geschichte hat und dass es die Schoáh gab, scheint der Autor (Marcin Libicki) – und leider nicht nur er – nicht wissen zu wollen."[9] Auch deshalb ist dieses Buch eines Autors aus Posen gerade heute so wichtig.

Was aufgeschrieben, veröffentlicht und in einigen Bibliotheken der Welt aufgehoben ist, wird vielleicht nicht so schnell vergessen.

25. April 2006 – Jom HaSchoáh 5766[10] – und 3. August 2006 – 9. Av 5766

---

[9] Karol Sauerland, "Politik der Abrissbirne – Ein politischer Streit um ein Synagogengebäude in Posen", in: Frankfurter Allgemeine Zeitung, Nr. 83, 7. April 2006, S. 29.

[10] Zwi Helmut Steinitz hat am israelischen Holocaustgedenktag (25.4.2006) bei der offiziellen Feier in Yad Vashem Jerusalem in Anwesenheit des Staatspräsidenten, des Regierungschefs und anderer Persönlichkeiten zusammen mit einem ehemaligen Mithäftling im Namen der Überlebenden des KZ Sachsenhausen einen Kranz niedergelegt. - Regina Steinitz und ihre Zwillingsschwester Ruth lasen 40 Namen von Kindern und Erzieherinnen des ehemaligen Kinderheimes in der Fehrbelliner Straße zu Berlin, die ermordet wurden; die beiden Schwestern und eine Freundin sind die einzigen Überlebenden dieses Heimes; siehe Inge Franken, *Gegen das Vergessen – Erinnerungen an das jüdische Kinderheim Fehrbelliner Straße 92 Berlin-Prenzlauer Berg*. Berlin 2005.- Zwi Helmut Steinitz schreibt am Abend des 25. April 2006 u.a.: "... Unzählige Vertreter ehemaliger jüdischer Gemeinden waren anwesend, nur keiner stammte aus Deutschland: Wo ist das deutsche Judentum geblieben??? Ausgestorben, die wenigen sind zu alt und gebrechlich, um sich noch aktiv zu betätigen. Wie traurig. ..."

Zwi Helmut Steinitz: Nachwort

04.05.2005 – Mit diesen Zeilen schließe ich den überwiegend traurigen Abschnitt meiner Geschichte und den meiner Familie ab. Bei meiner Befreiung war ich nicht einmal 18 Jahre alt. Die Realität des Zweiten Weltkriegs hatte bewiesen, dass das Unmöglichste möglich war. (…) Die Deutschen haben meine Eltern und meinen Bruder ermordet, sie haben mir fast sechs lange Jahre meiner Jugend geraubt, aber nicht die Erinnerungen an meine wunderbaren Kinder- und frühen Jugendjahre auslöschen können.

Als Vater versuchte ich später, meinen Kindern wenigstens einen Bruchteil der Atmosphäre zu vermitteln, die ich in meiner Familie genossen hatte. Mit Wehmut erinnere ich eine Art Traumwelt, die mir und meinem Bruder geraubt wurde. In meinen Gedanken sehe ich meine liebe Mutter am Flügel und höre sie Lieder von Schubert, Schumann und Mendelssohn spielen und singen. Ich höre Vaters Stimme Heines Gedichte und Ausschnitte seiner Briefe lesen, höre meinen Onkel Georg musizieren, dem ich meine Liebe zum Klavier verdanke. Sie alle fehlen mir, vorzeitig verlorene Schätze, die meine Kindheit und frühe Jugend mit so reichem Inhalt gefüllt hatten.

Hermann und Salomea Steinitz (Foto: Familie Steinitz

Ich war in ein Jahrhundert hineingeboren, das in vielen Bereichen unzählige Höhepunkte erzielte, so in Wissenschaft, Technologie, Medizin, Kommunikation, Militärtechnik, Kultur. Doch gab es auch den moralischen Niedergang Deutschlands und seiner Verbündeten. Das deutsche Volk hatte sich unter der Führung Adolf Hitlers an den grausamsten Verbrechen der Weltgeschichte beteiligt und sich am Völkermord von sechs Millionen Juden und Millionen Menschen anderer Völker schuldig gemacht. Ein sinnloser Krieg führte letzten Endes zur Selbstzerstörung Deutschlands, die auch Millionen deutscher Opfer forderte. Leider haben die Menschen dann nicht genug aus dem Zweiten Weltkrieg gelernt und die Opfer viel zu schnell vergessen.

Was die sogenannte "Wiedergutmachung" betrifft, so habe ich Ende der fünfziger Jahre für 49 Monate eine minimale "Abfindung" für "Schaden an Freiheit" erhalten und Ende der neunziger Jahre aus dem Fond der deutschen Industrie einen Betrag, der in zwei Raten und großem Abstand allen KZ-Häftlingen gezahlt wurde. Von Schul- und Elternverlust und dem geraubten Besitz war überhaupt nicht die Rede. Zur ersten Abfindung musste ich für meinen Aufenthalt in Ghetto und Konzentrationslagern Zeugenaussagen beibringen, obwohl ich eine KL Auschwitz- Nummer auf meinem Arm trage. (…)

Nach dem Ende des Zweiten Weltkriegs kam es zu weltweiten politischen Umwälzungen: Völker, die generationenlang europäischer Kolonialherrschaft ausgesetzt waren, erhielten ihre legitime nationale Selbständigkeit. Nach fast 2000 Jahren erkämpfte sich auch das jüdische Volk seinen Staat. In Auschwitz hätte ich mir nicht vorstellen können, eines Tages im Jahre 1948 als freier Mensch Zeuge der Gründung des jüdischen Staates Israel zu sein. (…)

Seit meiner Ankunft im Land, sind bereits 60 Jahre vergangen, und das heutige Israel ist mit dem damaligen nicht zu vergleichen. Hunderte neue Siedlungen und einige neue Städte wurden gegründet, öde Landschaften bewaldet und mit Hilfe von Bewässerungsanlagen in üppiges Grün verwandelt. Millionen von Menschen aus fast allen Kontinenten der Erde sind zugewandert und haben am Aufbau und an der Entwicklung des Landes mitgewirkt. Israel ist ein moderner Staat, in dem verschiedene Religionen und Kulturen trotz großer Unterschiede ihren Platz haben. Nur eines fehlt diesem kleinen Land – Friede mit unseren Nachbarn.

Nach meiner Befreiung, träumte ich vom gelobten Land der Zehn Gebote und von Frieden. Mir hatten die Leidensjahre des Zweiten Weltkrieges und der Schoáh völlig genügt. Das Gelobte Land habe ich erreicht, doch der so ersehnte Friede ist leider noch immer weit entfernt.

Shlomit und Ami Steinitz: Nachwort der Kinder

Das langjährige Schweigen unseres Vaters hielt seine Leidenszeit in der Schoáh und damit auch ein Stück unserer Vergangenheit verborgen. Unsere Frage nach der Nummer auf seinem Arm hatte er nicht beantworten wollen oder können.

Dieses Buch beschreibt nun sein Leben Schritt für Schritt, ebenso das Unglück seiner Familie in Europa. Alles ist aus einer Distanz etwa 60 Jahren nach den Ereignissen geschrieben, als es unserem Vater endlich möglich war, sein Schweigen zu überwinden. Es ist persönliche Geschichte und Familiengeschichte aus heutiger Sicht, zumal sie bis heute fortwirkt.

Wir sind ohne richtige Großeltern aufgewachsen, ihre Rolle hatte ein älteres kinderloses Paar übernommen, das wir auf hebräisch "Savta Klara und Saba Willi – Oma Klara und Opa Willi" nannten, wie es in Familien Überlebender nicht unüblich war. Durch unsere Geburt wurde dann zwar unsere Familie als solche wiedergeboren, aber erst unsere Kinder haben als Enkelkinder die Bedeutung der Großeltern deutlich gemacht und uns, was wir in unserer Kindheit vermisst haben.

Durch unsere Eltern in der Rolle der Großeltern fühlten wir erstmals auch die bis dahin vermisste "Familiarität" und gleichzeitig die Kontinuität der Generationen, und endlich waren wir fähig, die Gestalten der Vorfahren als echte Familienangehörige auch gefühlsmäßig anzunehmen, wenn auch nur indirekt.

Zwei Generationen wurden damals ermordet, heute leben drei neue Generationen. Als Kinder haben unsere Eltern die Ermordung ihrer Eltern und Geschwister erlebt. Als Großeltern sind sie nun Glieder einer neuen Kette von Generationen.

Diese Biographie und Chronik unseres Vaters zeugt von einer tiefen Verbundenheit mit dem Leben und wird ewig unvergessen bleiben.

Erhard Roy Wiehn: Nachbemerkungen zur 2. Auflage

Als Herausgeber ist es für mich eine große Freude, dass nach weniger als zwei Jahren hiermit eine zweiten Auflage des wichtigen Buches von Zwi Helmut Steinitz "Als Junge durch die Hölle des Holocaust" vorliegt. Dies ist der außergewöhnlichen Mission des Autor zu verdanken, der mit Ansprachen, Lesungen und Vorträgen in Berlin, Freiburg, Hamburg und andernorts zahlreiche Menschen beeindruckt hat.

Die zweite Auflage bot nun die Möglichkeit einer kleinen Dokumentation über die jüngsten Aktivitäten des Autors wie auch ergänzender Fotos aus Polen. Erstmals war ich im Jahre 1980 in Krakau, Auschwitz und Birkenau, dann 1983, vor 25 Jahren also, und zwar anlässlich des 40. Jahrestages des Aufstandes im Warschauer Ghetto (S. 421 u. 436), seit damals sind in meiner Edition Schoáh & Judaica ca. 30 Titel erschienen, die sich auf Polen beziehen.

Auf Einladung der Polnischen Akademie für Künste und Wissenschaften durch Prof. Dr. Maria Kłanska (Krakau) weilte ich Mitte April 2008 nach einem Wochenendbesuch in Warschau nun in Krakau (zum Vortragsthema "Remembering the past for the future – The German case, Jewish tradition, and some general remarks") –, was mir die Möglichkeit bot, den Erinnerungen meines Freundes Zwi Steinitz zu folgen, und es war ein aufregendes Erlebnis, tatsächlich vieles von dem zu finden, was er in seinem Buch beschreibt.

Das erste Wohnhaus der Familie Steinitz in der Nähe des Krakauer Bahnhofs habe ich nicht finden können, da dort die Bebauung vermutlich verändert wurde. Sodann hatte ich mich im ehemaligen jüdischen Viertel Kazimierz umgesehen (ca. 20 Minuten vom Zentrum entfernt), die Alte Synagoge und die Remu-Synagoge besucht, mich durch einen freundlichen Buchhändler mit einer kleinen Schrift und einem Stadtplan über das jüdische Krakau versorgen lassen, zunächst die Paulińska-Straße gesucht und gefunden (S. 422), die Verlängerung der Meiselsa-Straße, die bis fast an die Weichsel führt, nur auf einer Seite bebaut ist und auf der anderen Seite durch eine hohe Mauer begrenzt wird, hinter der sich der Park des Augustianow-Klosters befindet, heutzutage kein unfreundliches Viertel.

Nach ca. 20 Minuten Fußmarsch gelangte ich jenseits der Weichsel in den Stadtteil Podgórze, wo von März 1941 bis März 1943 das Ghetto bestand. Ich folgte laut Stadtplan den Straßen der früheren Ghetto-Grenze, an der Solna-Straße vorbei, wo Helmut Steinitz später bei Familie Silber wohnte, kam zum Rynek Podgórski (Marktplatz, S. 423 ff.), fand den Anfang der Rekawka-Straße und dort Nr. 3, das Eckhaus, wo Familie Steinitz nach ihrer Wohnung in der Paulińska und bis zur Deportation der Eltern und des Bruders am 1. Juni 1942 wohnte (S. 424 ff.). Wie von Zwi Helmut Steinitz beschrieben, gehen die Einzelfenster aller drei Etagen auf den Podgórski-Marktplatz. Von der

Ghettomauer ist hier nichts geblieben, und nur hinter dem anderen Ende der Rekawka-Straße sowie an der Lwowska-Straße sind noch kleine Reste der Mauer zu sehen (S. 431 u. 432). – Etwa 120 m von der Rekawa Nr. 3 entfernt an der linken Seite des Marktplatzes Nr. 1 und Ecke Limanowskiego-Straße steht das große Gebäude des damaligen Verwaltungssitzes der Jüdischen Gemeinde bzw. des Ghettos, in dem sich das tragische Schicksal der Familie Steinitz entschieden hatte (S. 423 u. 427). Direkt neben dem Verwaltungssitz und an der Limanowskiego stand damals das große Ghetto-Tor. – Der Sammelplatz für die zu Deportation selektierten Menschen im Juni 1942 im Hof der damaligen Schokoladenfabrik "Optima" an der Józefińska-Straße war leider nicht zugänglich. Ein weiterer Sammelplatz dürfte am heutigen Ghettoplatz gewesen sein (S. 429). Die dortige Apotheke "Zum Adler" ist ein Museum, war aber geschlossen (S. 430); von dort stammt der bekannte Augenzeugenbericht von Tadeusz Pankiewicz "Die Apotheke im Krakauer Ghetto".

Haus der letzten gemeinsamen Wohnung der Familie Steinitz im Ghetto von Krakau: Giebelseite Rekawka Nr. 3 das mittlere Fenster war das Fenster zum Marktplatz, vor der grünen Hecke verlief damals die Ghettomauer – im April 2008 (Foto: Erhard Roy Wiehn)

Etwa 3 km vom Stadtteil Podgórze gelangte ich zum Gelände des ehemaligen Lagers Płaszów, wo Zwi Helmut Steinitz nach dem Ghetto schrecklich gelitten hatte und wo Tausende ermordet wurden. Die Straße, die von der Wielica-Straße auf die Anhöhe hinaufführt, heißt *Jerozolimska*. Um das Gelände verweisen Hinweisschilder auf das ehemalige Lager (S. 434), auf der höchsten Anhöhe steht ein allgemeines Denkmal (S. 433), in der Nähe finden sich zwei kleine jüdische Gedenksteine, es fehlen genauere Hinweisschilder, das ganze Gelände ist arg verwahrlost, die Baumblüte der einzige Schmuck.

Mahnmal auf der Anhöhe von Płaszów in Krakau 2008 (Foto: Erhard Roy Wiehn)

Von Krakau aus habe ich schließlich noch eine sechsstündige Bus- und Besichtigungstour nach Auschwitz und Birkenau unternommen, mein dritter Besuch seit 1980. Zwi Helmut Steinitz wurde am 21. Februar 1944 im Lager Auschwitz I eingeliefert, und wie "in einem fortgesetzten Alptraum" verblieb er dort bis April 1944 (S. 435). Anschließend wurde er ins Siemens-Lager von Auschwitz versetzt, und zwar bis zur Räumung am 17. Januar 1945. In Auschwitz-Birkenau habe ich auch anderer Autorinnen und Autoren meiner Edition Schoáh & Judaica gedacht, die hier Unsägliches erleiden mussten.

Am Abend des 14. April 2008 hatte ich im polnischen Fernsehen die Übertragung des Konzerts des Israel Philharmonic Orchestra unter Leitung von Zubin Mehta gesehen: Zum 65. Jahrestag des Aufstandes im Warschauer Ghetto am 19. April 1943 (S. 421 u. 436) wurde Beethovens "Eroica" gespielt. – Für mich war es wie eine Fügung des Himmels, dass ich im April 2008 den Spuren von Zwi Steinitz in Krakau-Kazimierz, Podgórze, Plaszów und Auschwitz folgen und die folgenden Fotos mitbringen konnte.

24. April 2008

2.2. Vom Holocaust-Opfer zum Blumenexport-Pionier (2007)[11]

Inhalt 72 (5)
Zwi Helmut Steinitz: Danksagung 73 (6)
Zwi Helmut Steinitz: Schicksale, Erinnerungen und Bücher 75 (7)
Erhard Roy Wiehn: Freiheitsverlust und Freiheitsgewinn 77 (9)
Zwi Helmut Stenitz: Nachwort als Zeitzeuge 73 (112)
Zwi Helmut Steinitz: Vom Holocaust-Opfer zum Blumenexport-Pionier .... (13)
1. Der schwere Weg in die Freiheit .... (13)
Gedanken über Freiheit im Sommer 2006 .... (13)
Selbstverständliche Freiheit in Posen ab 1927 .... (14)
Bedrohte Freiheit durch deutsche Besatzung 1939 .... (17)
Beschränkte Freiheit im Krakauer Ghetto 1940-1941 .... (18)

---

[11] Vom Holocaust-Opfer zum Blumenexport-Pionier – Von Posen durch das Krakauer Ghetto und deutsche KZs nach Israel zum Gemüseanbau im Kibbuz und zum israelischen Blumenexport 1927–2007. Konstanz 2007.

Verlorene Freiheit I durch Mord in Bełżec Juni 1942 .... (19)
Verlorene Freiheit II im Krakauer Ghetto 1942-1943 .... (21)
Verlorene Freiheit III im Arbeitslager Płaszów 1943 .... (24)
Erträumte Freiheit in Auschwitz im Februar 1944 .... (26)
Erhoffte Freiheit in Buchenwald im Februar 1945 .... (28)
Nahe Freiheit in Berlin und Sachsenhausen 1945 .... (29)
Erlebte Freiheit vor Schwerin am 3. Mai 1945 .... (32)
Neue Freiheit in Palästina im März 1946 .... (35)

2. Schwierige Wege in der Freiheit .... (37)
Ankunft in Palästina im März 1946 .... (37)
Anfänge im Kibbuz Afikím im April 1946 .... (43)
Der Schwarze Schabbat am 29. Juni 1946 .... (51)
Ausflüge in Palästina im Rückblick 1946-1947 .... (56)
Meine Berufswahl mit Lebensfolgen seit 1946 .... (59)
Die Zwillingsschwestern Regina und Ruth 1948 .... (67)
Wir verlassen unseren Kibbuz im Februar 1951 .... (71)
Unser Sohn Ami Chaj und Tochter Schlomit 1952/62 .... (75)
Endlich wieder in unserem eigenen Heim ab 1956 .... (81)
Regina absolviert die Schwesternschule seit 1957 .... (83)
Zur Glaubwürdigkeit im Blumenexport ab 1960 .... (90)
Die Gärtnerfrauen im Jom-Kippur-Krieg 1973 .... (95)
Geschichte israelischer Blumengärtner 1975 .... (98)
Gärtnerbriefe und Spracherfahrungen 1975 .... (101)
Späte Erinnerungen an den Vater 2006 .... (104)
Wenn man 80 wird im Jahre 2007 .... (107)
Nachwort als Zeitzeuge 81 (112)
Zwi Helmut Steinitz: Biographische Notiz .... (115)
Herausgeber .... (117)

Zwi Helmut Steinitz: Danksagung

An dieser Stelle möchte ich allen lieben Menschen danken, die im Laufe meines Lebens eine wichtige Rolle gespielt haben: Sie waren mir Wegweiser in höchster Not und im Glück. Meinen Lebensrettern verdanke ich auch, dass ich meine Bücher schreiben konnte. Durch Zufall und viel Glück haben sich unsere Wege gekreuzt, was mir geholfen hat, der NS-Mordmaschine zu entkommen. In meinem Gedächtnis sind sie als Symbol menschlicher Moral in einer von Menschen geschaffenen Hölle verblieben. Ich habe sie nie vergessen werden und in meinen Schriften verewigt.

Im Laufe eines jahrzehntelangen Lebens auf zwei ganz verschiedenen Kontinenten bin ich zahlreichen Menschen begegnet, die Teil meines Lebens in jüngeren Jahren waren und es teils bis ins hohe Alter geblieben sind. An ihrer Seite und mit ihrer Hilfe konnte ich mein "Ich" gestalten und meinem Leben Sinn und Inhalt geben. Nichts kommt von selbst. Freunde können beraten und moralisch unterstützen, doch muss jeder Mensch gegebene Chancen selbst erfassen und positiv zu nutzen versuchen.

das Schiller-
DIETRICH VOGT
Gymnasium
Schicksal einer deutschen Minderheitenschule · 1920–1939
in Posen
≡S≡

Verlag Posener Stimmen, Lüneburg 1964

Wie oft im Leben kann es durch Zufall zu überraschenden Begegnungen kommen. So kam ich in Kontakt mit Frau Ursula Geschke, Tochter des ehemaligen Direktors des Posner Schiller-Gymnasiums Dr. Dietrich Vogt, ein Freund meiner Eltern. Sämtliche Fotos meines Vaters im Schiller-Gymnasium, die in meinen Büchern enthalten sind, verdanke ich Ursula Geschke. Im Namen ehemaliger Posner Lehrer und Schüler hat sie im Jahre 2006 dankenswerterweise auch die Herausgabe meines ersten Buches finanziell gefördert und mein Vorwort in ihrem Rundschreiben im Dezember 2006 abgedruckt. Daraufhin meldeten sich zwei ehemalige Schüler des Gymnasiums, und eine Schülerin hat mir Erstaunliches über die Lehrmethode meines Vaters berichtet, die in den dreißiger Jahren ein Novum war.

Nicht zuletzt verdanke ich meinem lieben Freund Roy Wiehn die Herausgabe meiner Bücher. Sie sind ein schriftliches Denkmal zum ewigen Andenken an meine Eltern, meinen Bruder und Familienangehörige, die im Holocaust ermordet wurden. Ihre Lebensgeschichte ist Teil der tragischen Geschichte des jüdischen Volkes unter dem Nazi-Joch. Mein innigster Dank gebührt meiner Frau Regina, die mir mit Rat und viel Geduld zur Seite steht. – 6. August 2007

Zwi Helmut Steinitz: Schicksale, Erinnerungen und Bücher

Ich war mir wohl nicht recht bewusst, welche Bedeutung die Niederschrift und Veröffentlichung meiner Memoiren für mich persönlich haben und wie beruhigend dies auf meine Seele wirken würde. Vor Jahren schon keimte in mir der Drang zum Schreiben, um das tragische Schicksal meiner Familie nicht dem Vergessen anheimfallen zu lassen. Doch mussten etwa 50 Jahre vergehen, bis meine Seele verkraften konnte, das schmerzliche Thema unserer Familien-Schoáh zu dokumentieren.

Wegen der schweren Belastung, das traurige Kapitel der Familie Steinitz noch einmal aufleben zu lassen, verweilte ich eine Zeitlang zögernd zwischen Pflichtgefühl und Angst. Konnte ich Leben, Leiden und Vernichtung meiner Familie dem Vergessen überlassen oder musste ich unbedingt dem Ruf meines Gewissens folgen? Natürlich musste ich letzteres, wollte zunächst aber nur für meine Familie und meine besten Freunden in hebräischer Sprache schreiben. Und damit begann der lange Weg der Entstehung meiner Memoiren und meines ersten Buches.

Meine israelische Lektorin übergab das Manuskript dann der Leiterin des Yad Vashem Verlags in Jerusalem, die befand, dass das Manuskript es verdiene, als Buch veröffentlicht zu werden, worüber ich persönlich ebenso überrascht wie erfreut war. Doch diese Freude wurde alsbald etwas getrübt, als sich nämlich herausstellte, dass auf der Warteliste des Yad Vashem Verlags bereits zahlreiche Bücher standen und es für mich fast sinnlos gewesen wäre, mich dieser fast hoffnungslos langen Warteliste anzuschließen. Eine solche Warteliste gerade in Yad

Vashem verstehe ich bis heute nicht: Wie lange werden die wenigen jüdischen Zeitzeugen noch leben? Gerade für die Publikation ihrer Augenzeugenberichte hat man nicht genug Geld?

Natürlich habe ich nicht aufgegeben. Privatverlage zeigten jedoch offenkundig nur an mutmaßlichen Bestsellern und an bekannten Autoren Interesse. So blieb nur die Möglichkeit, die Veröffentlichung der hebräischen Version meiner Memoiren aus der Familienkasse zu finanzieren, und Anfang Oktober 2003 konnte mein erstes Buch schließlich erscheinen: *Makom elav lo schawti meolam* (*A place of no return*, ISBN 569-215-650-2) befindet sich inzwischen in der Yad Vashem Bibliothek (Jerusalem), in allen Universitäts-Bibliotheken Israels, in entsprechenden Instituten sowie in einigen öffentlichen Bibliotheken.

Durch das Echo auf mein Buch erkannte ich inzwischen auch mehr und mehr die historische Bedeutung einer Veröffentlichung persönlicher Erlebnisse während der Schoáh für die kommenden Generationen in aller Welt. Die meisten Überlebenden hatten ja geschwiegen, und nur eine Minderheit hatte mündlich berichtet oder darüber geschrieben. 62 Jahre nach Kriegsende haben viele Zeitzeugen nun bereits das 80 Lebensjahr erreicht oder überschritten, und die meisten von ihnen sind schon gar nicht mehr da. Wer also bis heute nichts aufgeschrieben hat, wird seine Lebensgeschichte und die seiner ermordeten Familie wohl mit ins Grab nehmen.

Diese Einsicht bewog mich, meine hebräischen Memoiren selbst ins Deutsche zu übersetzen und zu versuchen, sie in Deutschland zu veröffentlichen. Nach mehr als 60 Jahre Leben in Israel war ich mir natürlich meiner problematischen deutschen Sprachkenntnisse bewusst; denn ich sprach das Deutsch der dreißiger Jahre, das ich im Elternhaus und in der Schule bis 1939 gelernt hatte und auf meinem Leidensweg durch die Arbeits- und Konzentrationslager dann auf besondere Art und Weise üben und erweitern konnte. Es war also klar, dass ein mögliches Lektorat entsprechend Arbeit bekäme.

Nachdem ich die Übersetzung geschafft hatte, unternahm ich wiederum etliche Versuche, einen deutschen Verlag zu finden. Nach zahlreichen Absagen schickte ich auf Empfehlung des Goethe-Instituts Tel Aviv als letzten Versuch mein Manuskript an den Hartung-Gorre Verlag in Konstanz. Um so größer war meine Freude, als mich die positive Antwort von Prof. Wiehn überraschte, mein Buch in seine *Edition Schoáh & Judaica* aufnehmen zu wollen. Dann begann über viele Monate eine ebenso interessante wie intensive und bald auch freundschaftliche Zusammenarbeit bei der Lektorierung meines Textes, was für mich ein neue Erfahrung war.

Die deutsche Ausgabe meiner Lebenserinnerungen *Als Junge durch die Hölle des Holocaust* ist dann im Herbst 2006 erschienen, und anlässlich der Übergabe des ersten Exemplars durch Prof. Wiehn in Konstanz überkam mich ein Gefühl der Befreiung und Erlösung. Mit der Veröffentlichung meines Buches in deutscher Sprache hatte ich die heilige Pflicht erfüllt, meinen Eltern die damals von Deutschen geraubte Würde auf deutschem Boden zurückzugeben. (09.01.2007)

Um so mehr freue ich mich, kaum ein Jahr später nun diese Sammlung vorlegen zu können, die den Inhalt meinen großen Erinnerungsband hinsichtlich der Leidensjahre bis 1945 ergänzt und ab 1946 weiterführt, und zwar im Hinblick auf mein Leben und meine Arbeit in Israel, aber auch bezüglich neuer Kontakte zu Menschen aus meiner Kindheitsstadt Posen.

Erhard Roy Wiehn: Freiheitsverlust und Freiheitsgewinn

meinem Freund Zwi mazal tov zu Beginn seines 9. Lebensjahrzehnts am 1. Juni 2007, gewidmet am 1. August 2007 in Tel Aviv

Zwi Helmut Steinitz hat in seinen Erinnerungen '*Als Junge durch die Hölle des Holocaust*' Konstanz 2006) eindrücklichst geschildert, wie er nach einer wohlbehüteten Kindheit in Posen mit seinen Eltern und seinem jüngeren Bruder nach ersten beunruhigenden Vorahnungen seit 1933 nach der deutschen Besetzung Polens im September 1939 aus einem absolut normalen, gutbürgerlichen, musisch-kulturellen Familienleben ganz plötzlich herausgerissen und in die Hölle sich ständig steigernder, sich übertreffenden, sich überschlagender völlig unvorstellbarer Ereignisse gerät, die im Juni 1942 mit der Deportation seiner Eltern und seines Bruders in das Vernichtungslager Bełzec ihren ersten ebenso schaurigen wie tragischen Höhepunkt finden.

Mit gerade 15 Jahren muss Helmut Steinitz sich nun allein durchschlagen, zunächst im Krakauer Ghetto und als Zwangsarbeiter in einer Wehrmachts-Autowerkstatt, 1943 im schrecklichen Arbeitslager Płaszów (Krakau) um sein Überleben kämpfen (Tatort von "Schindlers Liste"), ab 1944 dann in Auschwitz, gelangte zum Glück bald in das etwas erträglichere dortige Siemens-Lager, nach der Räumung von Auschwitz jedoch ins KZ Buchenwald bei Weimar, 1945 über Berlin-Haselhorst ins KZ Sachsenhausen (35 km) nordöstlich von

Berlin, um am 3. Mai 1945 vor Schwerin endlich von einer amerikanischen Armee-Einheit befreit zu werden. Nicht einmal 18 Jahre alt will er so schnell wie möglich Europa verlassen, wo er ja längst alles verloren hat, um im noch vor-israelischen Palästina seine neue Heimat in Freiheit zu suchen.

Im 1. Teil *"Der schwere Weg in die Freiheit"* reduziert und komprimiert Zwi Helmut Steinitz seinen fünfjährigen Leidensweg durch das Krakauer Ghetto und zahlreiche KZs auf seine starkempfundenen und tieferlittenen Erfahrungen eines stetigen Verlustes einer ursprünglich ganz selbstverständlichen, kindlich-naiven Freiheit, über die bedrohte, beschränkte, verlorene Freiheit verschiedenen Grades hin zur erträumten, erhofften, nahen und schließlich erlebten Freiheit, die ihn zur neuen Freiheit nach Erez Israel (Land Israel) ins damalige Palästina führt. Der Freiheitsverlust kulminiert in totaler Unfreiheit, die sogar nur noch eine begrenzte Gedankenfreiheit zulässt, mit extremster Ungleichheit von "Untermenschen" im Verhältnis zu den damaligen deutschen "Herrenmenschen" und mit einer perversen Gleichheit zwischen den Häftlingen auf Sklavenniveau einhergeht, unter denen jedoch gewisse Spuren von Solidarität geblieben sind. Mit diesen Erfahrungen gelangt Zwi nun nach Monaten der Vorbereitung im März 1946 in sein Traumland Erez Israel, wo nun ganz ungeahnte neue Herausforderungen auf ihn warten.

Übrigens kann man diesen 1. Teil *"Der schwere Weg in die Freiheit"* auch als eine ebenso stille wie starke Anklage lesen: Denn wer von den damaligen Deutschen, die in Posen und in Krakau gewütet, Hab und Gut der Familie geraubt, Eltern und Bruder in den Tod geschickt haben und in den KZs für die Leiden des jungen Helmut Steinitz verantwortlich waren, wer von ihnen ist wohl jemals zur Rechenschaft gezogen und bestraft worden oder hat vielleicht sonst irgendwie dafür gesühnt?[12]

*

Im 2. Teil der vorliegenden Sammlung "Schwierige Wege in der Freiheit" schildert Zwi Helmut Steinitz in mehrfachem Sinn seinen Freiheitsgewinn durch die Etappen seines Lebens in der neuen Freiheit zunächst noch unter britischer Mandats-Herrschaft im damaligen "Pa-

---

[12] Dazu: Johanna Adorján, "Die Jagd nach den letzten Kriegsverbrechern – Immer noch leben berüchtigte Nationalsozialisten: Ein Gespräch mit Ephraim Zuroff über den Stand der Ermittlungen", in: Frankfurter Allgemeine Zeitung, Nr. 157, 10. Juli 2007, S. 33.

lestine" und dann im neuen Staat Israel, beginnend mit seinen Anfängen im Kibbuz Afikím, dann im neugegründeten eigenen *Kibbuz Buchenwald* (später und heute *Netzer Seréni,* südöstlich von Tel Aviv nahe Rechovot, Foto S, 100), seine nicht ganz freiwillige und schon gar nicht wunschgemäße Berufswahl gleichwohl mit Lebensfolgen und glänzendem Berufserfolg, den Austritt des jungen Paares Regina und Zwi aus ihrem Kibbuz, den mühsamen Neubeginn völlig auf sich allein gestellt, die glückliche Geburt des ersten Kindes, eines Jungen, der den Namen *Ami Chaj* erhält – "Mein Volk lebt"! -, die Freude über das erste eigene Heim, Reginas Weiterbildung als Kinderschwester, die Geburt von Tochter Schlomit und über mehrere Abschnitte dann die Kariere des Autors als Pionier des israelischen Blumenexports nach Europa, dem er sehr erfolgreich die besten Jahre seines Lebens widmet, um schließlich zu schreiben und zu schreiben und spät sogar wieder Kontakte zu ehemaligen Schülerinnen und Schüler seines Vaters aus der Zeit des Schiller-Gymnasiums in Posen zu finden, wobei sich dann im letzten Abschnitt zum 80. Geburtstag von Zwi Helmut Steinitz 2007 der Kreis der Erinnerungen schließt.

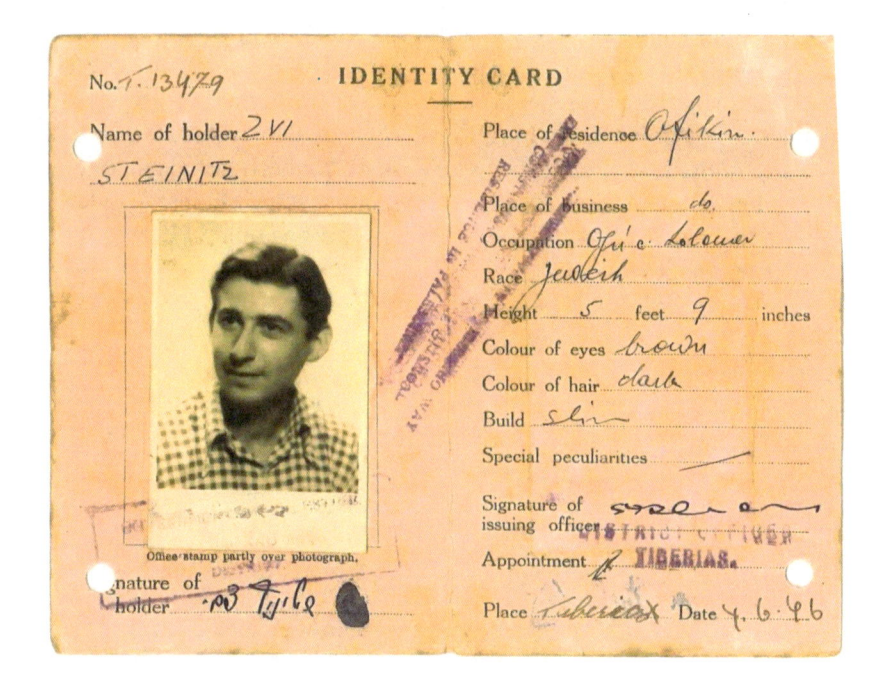

Der 2. Teil "Schwierige Wege in der Freiheit" zeigt aus persönlichem Erleben, sehr subjektiv gesehen und ausschnitthaft besonders eindrücklich die schweren Jahre des Übergangs von der britischen Mandatsherrschaft in Palästina zum neuen Staat Israel, die zweite Aufbauphase einer enormen Pionierleistung, die freilich auf der ersten Aufbauphase der Kibbuz-Pioniere seit 1909 aufbauen kann.[13] Nicht zuletzt machen beide Teile fast atemberaubend deutlich, wie nahe die Schoáh - die nationale Katastrophe des jüdischen Volkes (sowie zugleich die moralische Katastrophe des deutschen Volkes) - und die Wiedergeburt des neuen jüdischen Staates Israel beieinander liegen.

*

Alles in allem ist diese Sammlung *Vom Holocaust-Opfer zum Blumenexport-Pionier* im Sinne von *Freiheitsverlust und Freiheitsgewinn* in der Tat eine ebenso interessante wie wichtige Ergänzung und Erweiterung des ersten großen Bandes *'Als Junge durch die Hölle des Holocaust'*, und es ist schier unglaublich und hier besonders anschaulich, was ein Mensch nach fast unvorstellbar schrecklichen Erfahrungen in frühester Jugend dennoch aus seinem Leben machen konnte. Zwar sitzt der Schmerz des Verlustes so tief, dass er wohl niemals ganz vergehen wird, nur manchmal vielleicht mehr oder weniger lange verstummt, um jedoch unvermeidlich immer wieder zurückzukehren. Und doch hat der Lebensschmerz seiner nie verheilenden seelischen Verletzung und Verwundung diesen Mann nicht verbittert, und er ist trotzdem nicht nur ein Mensch geblieben, sondern geradezu eine Seele von Mensch geworden. Das ist es, was auch seine Bücher - außer allen anderen guten und wichtigen Gründen - so besonders lesens- und liebenswert macht.

Ganz herzlich zu danken ist Zwi Helmut Steinitz für sein zweites Buch und alle seine interessanten, wichtigen und wertvollen Zeitzeugenberichte dieser Sammlung, wobei die Zusammenarbeit während der eher kurzen Zeit der Editionsarbeit auch diesmal wiederum ebenso freundschaftlich wie bereichernd war. Schönsten Dank einmal mehr auch Gabriela Kruse-Niermann M.A. (Universität Konstanz) für ihre liebenswürdige und treue Editions-Assistenz, Tomasz Majchrowski (Warschau) für die speditive und solide Herstellung und Wolfgang Hartung-Gorre für seine langjährig bewährte verlegerische Betreuung.

---

[13] Im Jahre 1909 wurde der erste Kibbuz Degánia am südlichen Ende des Kinnéret-Sees (See Genezaret) gegründet (den ich im Sommer 1958 erstmals besuchte, ERW)

Was aufgeschrieben, veröffentlicht und in etlichen Bibliotheken der Welt entsprechend aufgehoben ist, wird hoffentlich nicht so schnell vergessen. – Tischa be'Av – 24. Juli 2007 (und 8. August 2007)

Zwi Helmut Steinitz: Nachwort als Zeitzeuge

Im Laufe unseres Lebens, sind wir intensiv mit allerlei Problemen des alltäglichen Daseins beschäftigt. Berufserwerb, Existenzsorgen, Kindererziehung, berufliches Fortkommen und zahlreiche Aktualitäten, die einen bedeutenden Teil des modernen Lebens ausmachen und uns oft nicht zur Ruhe kommen lassen. Berufliche Tätigkeit und Familie standen und stehen ständig im Mittelpunkt der Erwachsenen.

Wir sind Zeugen weitgehender technologischer, ökonomischer und politischer Entwicklungen, bemerken im Wirbel des Alltags kaum, dass wir Teil einer wichtigen, dynamischen, sich laufend verändernden Geschichtsepoche sind. Wir sind nicht nur Zeitzeugen, sondern auch selbst aktiv dabei, Geschichte zu machen. Dieser Tatsache, bin ich mir erst im Ruhestand bewusst geworden.

Das Land, das über Jahrhunderte durch Kriege und Verwüstungen sich in ein ziemlich verlassenes, trockenes Wüstenland verwandelte und nur spärlich von Nomaden bewohnt war, wartete gewissermaßen auf seine Erlösung. Dieses Land hatte ja eine große Geschichte, hier wurden dem jüdischen Volk die Zehn Gebote offenbart, hier wurden die Fünf Bücher der Bibel geschrieben. Und in diesem Land stand auch die Krippe des Christentums.

Die ersten jüdischen Pioniere, die Ende des 19. Jahrhunderts nach Palästina zogen, fanden nur öden, trockenen Sandboden und brennende Sonne. Ähnlich erging es den meisten jüdischen Einwanderern, die seit Anfang des 20. Jahrhunderts bis Ende der vierziger Jahre als Pioniere ins Land kamen. Sie gründeten neue Siedlungen und Städte, bauten Straßennetze, entwickelten Landwirtschaft und Industrie, pflanzten Wälder, gründeten Schulen und Universitäten, bauten ein Gesundheitswesen auf. Diese Menschen waren nicht nur Pioniere, sie machten Geschichte als Vorboten des Staates Israel.

Als ich im Juni 1959 in die israelische Blumenbranche einstieg, wusste ich nicht, was mir bevorstand und vergönnt war, nämlich zu den Begründern des israelischen Blumenexportes zu gehören. Auch war mir nicht bewusst, dass ich als aktiver Teilnehmer Geschichte machte, da ich in jeder Phase der Entwicklung und der Fortschritte dieses Projektes beteiligt war.

Auch meine frühen Erfahrungen im Kibbuz von 1946 bis 1951 gehören bereits der Geschichte Israels an. Der Kibbuz von damals war ein ebenso einmaliges wie lebensnotwendiges Projekt der damaligen Umstände in Palästina. Der Kibbuz erzeugte nicht nur landwirtschaftliche Produkte, sondern auch einen besonderen Menschenschlag, der sein Leben der Kommune und dem Land widmete. Diese Kibbuzniks waren jüdische Patrioten, lebten, arbeiteten und kämpften als freie Menschen in einem Land, das sie befreien wollten.

Zwi (erster von links) mit den alten Siemens-Freunden in Afikím Herbst 1946 / Anfang 1947 (Foto: Familie Steinitz)

Im Laufe der Jahre nach der Gründung des Staates Israel 1948 veränderten sich die Lebensumstände im Land, so manche legendäre Ideale gerieten in Vergessenheit und gehören heute zur Geschichte Israels. Viele Menschen der älteren Generation, soweit sie noch leben, erinnern sich mit Sehnsucht an die damalige Pionierzeit, in der nicht Karriere und Geld, sondern der Aufbau des Landes im Vordergrund stand.

Man darf aber auch manche Schattenseiten nicht vergessen. Besonders schwere Zeiten musste die Mehrheit der Bevölkerung durchmachen, die den Idealen des Kibbuzlebens nicht gewachsen war und ihr Glück im Dorf oder in der Stadt suchen musste. Die Masseneinwanderung nach der Staatsgründung[14] vergrößerte die Armut und Arbeitslosigkeit. Hinzu kamen fünf größere und zahlreiche kleinere Kriege und der schreckliche Terror der jüngeren Jahre, was alles zusammen eine riesige Zahl von Leben vor allem ganz junger Menschen forderte.

Mit meinen Berichten in diesem Buch versuche ich im Rückblick, zur Geschichte der vergangenen ca. 75 Jahre aus meiner persönlichen Sicht und Erfahrung einen bescheidenen Beitrag zu leisten. Zeitzeugenberichte können eine zusätzliche Bedeutung bekommen, gerade auch weil sie aus ganz persönlicher Sicht geschrieben sind, wenn sie späteren Historikern als Dokumente dienen. Das gilt besonders für die Zeitzeugenberichte aus der Zeit des Zweiten Weltkriegs und der Schoáh.

Meine Frau Regina und ich haben uns in Israel beruflich nützlich gemacht, ein warmes Familiennest aufgebaut, zwei gelungene Kinder in die Welt gebracht und erzogen, auf die wir stolz sind. Unsere Enkelkinder, ein Mädchen und ein Junge, haben gemeinsam mit ihren Eltern unserem Leben zusätzlichen Inhalt und besondere Freude geschenkt. Nicht umsonst haben wir also den Holocaust überlebt und trotz aller Hindernisse und Schwierigkeiten unser Leben gemeistert. (06.07.2007)

Diese Nachlese habe ich dank der Anregung und Ermutigung meines Freundes Roy Wiehn geschrieben. Die beschriebenen Ereignisse mögen beweisen, welche seelischen und moralischen Kräfte in einem Menschen verborgen liegen. Weder Mauern noch elektrischen Stacheldrähten noch der Brutalität der damaligen deutschen Machthaber in Europa, die mich jahrelang unterjochten und peinigten, war es gelungen, in meine Seele einzudringen, die mir meine Eltern vererbt hatten.

---

[14] Von 650.000 Einwohnern 1948 bis 2.883.600 Einwohner 1968.

2.3. As a boy through the hell of the Holocaust (2009)[15]

Contents 84 (5)
Zvi Helmut Steinitz: Memoirs for eternal remembrance 85 (7)
Erhard Roy Wiehn: The sacred duty to remember 89 (11)

Zvi Helmut Steinitz: As a boy through the hell of the Holocaust (15

1. Childhood and youth with my family .... (15)
2. Enjoyments, duties and minor worries .... (53)
3. My parents' house as a place of dreams .... (77)
4. The time between peace and war .... (100)
5. At the beginning of a world catastrophe .... (112)
6. On the way to the tragic end .... (126)
7. The difficult life in Kraków .... (142)
8. Our suffering in the Kraków Ghetto .... (162)
9. The murder of my family in Bełżec .... (196)
10. In the Płaszów concentration camp .... (228)
11. Auschwitz-Birkenau nightmare .... (252)
12. Death march to Gleiwitz .... (293)
13. Suffering in the Buchenwald death camp .... (307)
14. At Siemens in Berlin-Haselhorst .... (316)

---

[15] As a boy through the hell of the Holocaust – From Poznań through Warsaw, the Kraków Ghetto, Płaszów, Auschwitz, Buchenwald, Berlin-Haselhorst, Sachsenhausen, to Schwerin and over Lübeck, Neustadt, Bergen-Belsen and Antwerp to Eretz Israel 1927–1946. Konstanz 2009.

Naturally I am now happy to hand over to the public the English version of my memories *As a boy through the hell of the Holocaust*. Many thanks to Iris Gordon-Bouvier (Berlin) for her big work of the translation from German and to my friend Roy Wiehn (Konstanz, Germany) for his editorial work. – Zvi Steinitz, March 2009.

Zvi Helmut Steinitz's German edition *Als Junge durch die Hölle des Holocaust"* was published at the end of September 2006, and as editor I was happy that we were able to publish a second and extended edition as early as May 2008 (and his following book *Vom Holocaust-Opfer zum Blumenexport-Pionier* in 2007, see p. 398). Together with my friend Zvi Steinitz and the Hartung-Gorre Publishing House (Konstanz, Germany) I am now most delighted to be able to present in springtime 2009 *As a boy through the hell of the Holocaust*. The author gratefully authorized the English translation by Iris Monica Gordon-Bouvier (Berlin), and we thank her very much for her special and great work. Many thanks also to Ruth Malin (Tel Aviv) for helping the author with proofreading, and last but not least Regina Steinitz for her wonderful support. – Erhard Roy Wiehn, March 9, 2009 – Erev Purim 5769

15. From Haselhorst to Sachsenhausen .... (321)
16. Our hard way to Schwerin .... (330)
17. Freed by the US Army in Schwerin .... (340)
18. From Schwerin to Lübeck and Neustadt .... (349)
19. Neustadt, Bergen-Belsen, Antwerp .... (356)
20. Arrival in Eretz Israel and in the Kibbutz Afikím .... (381)
Epilogue 94 (389)
Shlomit and Ami Steinitz: Epilogue of the children .... (392)
Photos .... (393)
Zvi Helmut Steinitz: A short biographical note .... (395)
Editor .... (396)

Zvi Helmut Steinitz: Memoirs for eternal remembrance

Dedicated
to the memory of my parents Salomea and Hermann Steinitz
and my brother Rudolf,
who were murdered in the Bełżec death camp,
and to all the other members of my family
who died in unknown places,
as well as to all the people
who helped me to survive.

For years I was preoccupied with the thought of documenting the tragic fate of my family members, all of them perished in the Holocaust. Yet for almost my whole life, I tried to suppress the sorrowful past, wary of resurrecting the years of tears and suffering. I rarely spoke of the wartime atrocities. I never returned to the country where death resided, where streams of Jewish blood saturated the earth. I couldn't bring myself to stand before the silent mass grave in Bełżec, where my parents, my brother and my aunt lie buried together with hundreds upon thousands of Jewish victims. I couldn't face the death of those I loved, couldn't look into their eyes. In my mind, they live on.

Many years later, vivid images from the monstrous war years began to appear frequently, images that cast a shadow over my day-to-day life and burdened my mind. I gradually became aware of my age, too. I was no longer young, and already I felt under pressure to finally write down the story of my family. All my life I had been haunted by the question of how I had survived the war, where I had drawn the mental and physical strength that helped me to survive those tortuous years. There is no explanation for my survival, and yet I am certain that the upbringing that my parents gave me had a significant influence on my steadfastness and determination, particularly in critical situations.

My parents brought my brother and me up with love and human values that I have carried with me through my life. In moments of deepest despair and deadly peril, hidden strengths awakened in me, strengths that sharpened my senses and saved my life. I strongly believe that the values instilled in childhood will always stay with a person and develop into principles that a young person can take into independent life. Had I not possessed these principles, not even blind luck or sheer coincidence could have saved me.

As the only surviving member of my family, I felt a moral obligation to immortalise in writing the fate of my family and their lives before and during the war up until their tragic deaths. I had the extraordinary fortune of surviving, and I have enough mental strength today to enable me to address the horrors of that time and to tell the story of my family. The Nazis will not succeed in their appalling attempt at erasing my family's existence from this earth. My parents and brother have no personal graves and no gravestone – my memoirs must substitute these and give them eternal remembrance.

I first attempted to portray the dramatic years in 1986 but didn't have the strength to do it. I tried again in 1989, but once again I shied away from the task, fearing that it would open up new wounds and bring the tragic war years back to life.

As an adult and the father of two children, I have often wondered what thoughts went through my parents' minds and what they felt during these horrifying times. How do parents overcome daily fear of death, how do they cope with a powerless existence of utter hopelessness? They were aware of the Germans' plan to eliminate the Jewish people and hadn't the slightest chance of saving their children from the hell. How was it even possible for them to breathe in such a suffocating atmosphere? They no longer controlled their own fate, helpless in the hands of merciless German Nazi executioners.

Over and over I ask myself how my parents managed to keep us from the burden of their worries, even though we all lived together in one room in the ghetto. They tried with all the strength they had to protect us. Not a word about the indescribable worries, fears and dark thoughts that weighed upon their souls day and night. My mother and father were heroes.

Zwi (zweiter von rechts oben) im britischen Internierungslager Atlít am 5. April 1946 (Foto: Zwi Helmut Steinitz)

As a young person I was fascinated by the achievements of the pioneers, and in the early years following my arrival in Israel I devoted myself enthusiastically to Zionism and to the creation of a new kibbutz. A few years later, my wife Regina and I then left the kibbutz to try our luck in the city. We were completely penniless when we left the kibbutz, which at the time was still only really at square one. Life in the city was hard for every newcomer and no less so for us. We had neither friends nor family who could help us, but we were strong-willed and had high hopes of a better future. Together we overcame the difficulties and obstacles that stood in our way, thanks to this will and hope and with a young person's endless courage to face life. For a while the struggle for existence pushed aside the burden of the past. As Holocaust survivors we were, more than anything, intent on building up a new family environment.

Years spent worrying about our livelihood didn't manage to dishearten us and together we eventually reached our goal. Compared to the bitter experiences of the war years, all our difficulties and worries were child's play. We were young, enthusiastic and full of hope, prepared to forego luxuries and to live modestly. Years went by, yet the peace we longed for in our little country never came. The Europeans had already been enjoying peace for several years while we, who had survived the Holocaust, had to continue to fight for the right to a country of our own. Words can barely describe the constant strain and sadness that continue to haunt the Israelis; no end is in sight and no rest is to be had.

Neither a nation nor an individual can erase its past, it stays with you your whole life. Shortly after beginning a new chapter in their lives, many survivors broke down under the weight of their appalling experiences. Nobody in the world could comprehend the devastating experiences and their consequences, which burdened the minds of survivors following liberation. Nobody arranged treatment for those afflicted early enough or worried about the danger of long-term effects of the Holocaust shock.

Without any warning I, too, began to see gruesome images from the past, visions that began to control my mind. Only with difficulty was I able to return to the present and to free myself temporarily from the nightmarish visions, which appeared increasingly often, plaguing and haunting me. Regina noticed that I was suffering and explained the situation to our son Ami. It was clear to all of us that I needed immediate help.

After discussing it together, our son arranged an appointment at AMCHA, an organisation that offers psychological help to Holocaust survivors. In August 1990, I had my first meeting with Mrs Tali Rasner, who took me on as a patient. Thanks to her extraordinary sensitivity and understanding, my closed heart opened up. For the first time I freed myself from the inner burden that had been eating away at my soul. After long years of silence, I talked it all out, openly and free of inhibitions. Without restraint, my bloodcurdling experiences flowed from me like a waterfall, and for the first time I felt signs of some kind of alleviation. She didn't just open my heart, she also won my complete trust, and I thank her from the bottom of my heart for her successful help.

In 1997, after years of therapy, I finally felt strong enough and ready to write down the story of my family in the hope that this time I might finish my life's work in memory of my beloved family. The fact that I was in a position to tell the story of my family seems to me a wonder, because it wasn't easy to relive the horrendous war years and I had to be strong in order to see it through. The atrocities of this terrible time prove how strongly a person is influenced in every situation by his or her upbringing. In my case, deeply buried instincts awakened, on many occasions saving my life in moments of grave danger, and this can have been no coincidence. Undoubtedly these instincts took root during my youth in my parents' home, and I have them to thank for the presence of mind that saved my life. My memoirs are intended to represent a kind of everlasting memorial stone so that their lives are not forgotten.

Memories cannot bring anybody back to life, but they can tell the story of a noble German-Jewish family that shared love and humanity not only with family members, but also with the wider community. The tragic deaths of my beloved parents and my dear brother ripped open painful wounds, and to this day I am still full of pain and sorrow. The 1st June 1942, the day of our inevitable and tragic farewell, was also my birthday. Sadly, my parents could never know that I was destined to survive the war. Perhaps they went to their deaths in the hope that I would. This is the only way in which I can explain their decision to leave me behind in the ghetto.

I write the story of the Steinitz family and their fate for the generations to come. Their tragic story characterises the fate of the entire Jewish people, six million of whom were systematically wiped out with cruel German thoroughness. I thank my wife Regina with all my heart for her relentless support and encouragement throughout my long-winded and difficult journey of writing this book. I wish to thank my children Shlomit and Ami, my friends, Ms Ursula Geschke, daughter of Dr Dietrich Vogt, former director of the Schiller-Gymnasium in Poznań, for the school photos and names, and last but not least, Professor Roy Wiehn from the University of Konstanz (Germany), who took my memories and made this book. –Tel Aviv, April 2006

Erhard Roy Wiehn: The sacred duty to remember

Helmut Steinitz is born in Poznań[16] on the 1st June 1927. Together with his younger brother Rudolf he grows up in a cultivated, liberal

---

[16] Since the Second Partition of Poland, that is to say since the 30th January 1793, Poznań belonged to Prussia and was the capital city of the Prussian province of Posen; with the Treaty of Versailles the city and further areas of the province went to Poland; when the German Wehrmacht occupied Poland in Sep-

Jewish family that feels more German than Jewish in every respect, even in this city, which has become Polish after the First World War. German literature, verse, art and music all belong to the Steinitz household.

Father Hermann Steinitz serves the artillery as a front line soldier in the World War I and later takes up a post as a respected and revered professor at the German Schiller-Gymnasium in Poznań, where he teaches German, English and French. Mother Salomea is a loving, educated, artistic and musically talented woman, loved by her husband and children, popular and highly regarded amongst her non-Jewish circle of friends.

An increasing degree of anti-Semitism is acknowledged but not taken especially seriously, although this begins to change when the father is forced to leave his beloved Schiller-Gymnasium and support his family through private tuition.

Helmut is only twelve years old when the German Wehrmacht and SS units attack and occupy Poland in the 1st September 1939 and immediately begins to mercilessly terrorise the Jewish population. The family flees to the countryside for a while but returns to Poznań, where their home has already been coldheartedly seized by an SS man.

The family experiences the already alarming state of Warsaw as they travel through, and manage to get to the mother's favourite brother in Kraków where, after a lot of effort, they manage to find a place to live. In early March 1941 the family is forced to move into the ghetto, and this marks the mortifying beginning of a yet unimaginable, gruesome end, which comes much too soon. On the 1st June 1942 – Helmut's birthday of all days – the boys' parents and Rudolf are deported with the first transport to the Bełżec extermination camp, where they are immediately murdered – because they are Jews.

Helmut, who has just turned fifteen, narrowly escapes this deportation thanks to his presence of mind and a great deal of luck. He is now completely alone and finds work in a German military garage. Following the liquidation of the Kraków ghetto he is sent to the notorious Płaszów concentration camp outside Kraków (the camp would much

---

tember 1939, Poznań became the capital of the "Reichsgau Wartheland"; the notorious three-hour private speech by Reichsführer SS and chief of the German police, Heinrich Himmler, to 92 SS officers on the "Final Solution to the Jewish question" took place here on the 4th October 1943; Poznań was seized by Soviet troops under General Shukow on the 23rd February 1945; "1000 Years of Poznań " were celebrated in 1999 and "750 Years of Municipal Law" in 2003.

later become known through Steven Spielberg's film *Schindler's List*), where inhumane slave labour and brutal guards put his life in grave danger.

Helmut is anxious to leave Płaszów as quickly as possible. One day it is announced that metalworkers are needed, and Helmut and several fellow prisoners volunteer. Much to their shock and dismay, they end up in Auschwitz on the 21st February 1944, where a true nightmare begins. He is only able to survive with great effort and a lot of luck, when he is relocated to the Siemens factory, which offers a certain chance of survival.

The death march from Auschwitz to Gleiwitz begins on the 17th January 1945, followed by a deadly journey in an open goods train to the dreaded Buchenwald death camp near Weimar. As a former Siemens worker, Helmut has fortune in his misfortune once more, and is sent to Berlin-Haselhorst to work in a Siemens factory on the 22nd February 1945.

Siemens-Werkshalle im Außenlager Auschwitz III Bobrek 1944 (Siemens-Archiv München u. Familie Steinitz)

Allied air raids soon make it impossible to work, and Helmut is sent to the Sachsenhausen concentration camp. On the 21st April 1945 he begins the hard journey to Schwerin, where the US army frees him on the 3rd May 1945, after almost six years of war and four inhumane years of captivity as one of the youngest slave labourers of the Third Reich ("Drittes Reich"). He is not even eighteen years old at the time.

Four weeks in an American military camp are followed by several months in various displaced persons camps in Lübeck, Neustadt at the Baltic Sea ("Ostsee"; where he adopts the Jewish name Zvi/Zwi), Bergen-Belsen and finally Antwerp. Accompanied by members of the Jewish Brigade Group, he begins the stormy journey by ship from a port in the south of France to the Promised Land - Israel. Under heavy British guard, Zvi alias Helmut is finally able to go ashore on the 28th March 1946– over sixty years ago! After two weeks in the British detainee camp Atlít near Haifa he is finally free, and begins his new life in the Kibbutz Afikím in the Jordan Valley for the next two years.

Life then continues in Israel outside the kibbutz, but the consequences of the Holocaust also live on. Shlomit and Ami, Zvi Helmut and Regina's children, grow up without grandparents. The Auschwitz prisoner number 174251 remains tattooed on Zvi Helmut's left forearm, and the terrible burden of his memories continues to plague him.

One outrageous injustice follows another. When it comes to "compensation" from Germany for his own ordeals and for the lives and belongings of his family, Zvi Helmut Steinitz receives only an absurdly minor "compensation" for "deprivation of freedom" at the end of the fifties, and a further "compensation" from the German industry fund at the end of the nineties. He refused compensation as heir to his father in the early sixties on the grounds that "the deceased has had no geographical connection to the Federal Republic or to the German Reich as of the 31.12.1937".

The Steinitz family history is doubtless amongst the most unbelievable, tragic and terrible stories to be found in autobiographical Holocaust literature. Zvi Helmut's memories are incredibly vivid, moving and close, even after all the years that have passed. The story is an important contemporary document that presents the monstrosity of the NS crimes and Germany's guilt particularly clearly, through the example of one family and its only surviving member.

Although the story is told in chronological order and dated in the style of a journal, Zvi Helmut Steinitz jumps between his happy early years in Poznań, the all-too-present Nazi time and his later life in Israel, what is denoted with * ... *. It is almost impossible to imagine how much strength and courage it must have cost him to write down not only his happy childhood memories, but also his dark Holocaust memories, which meant having to relive and suffer everything all over again. For this, and for entrusting us with his memories, he deserves sincere thanks.

Zvi Helmut Steinitz sees it as his sacred duty to tell his story and inform the public of what happened. The book is an ever-lasting memorial to his family and a reminder to current and future generations. His memoirs were first published in Hebrew under the title *Makom Elav Lo Schavti Meolam (A Place of no Return)* in Israel in 2003, were then translated into the German by the author and edited by us for the edition *Shoáh & Judaica* from autumn 2005. Omissions, mainly owing to repetition, are marked by (...). Footnotes are all from the editor.

Karol Sauerland (University of Warsaw) recently recalled that in his first book of travels, Heinrich Heine drew particular attention to the Jews, and also visited Poznań. In the early 20th century the Jews built a new synagogue, which still stands today. In January 2006 Marcin Libicki, a member of the Polish Law and Justice Party (Prawo i Sprawiedliwosc PiS) in the European Parliament, called for the building to be demolished, because it was a "symbol of the Bismarckian culture struggle". Supposedly encouraged by the Prussian Germans, the Jews erected a building that diminishes the Catholic Church, which is a symbol of Polish identity. According to Libicki, this is a manifestation of German dominance in the city, as the Jews at that time were German patriots. The Jewish community of Poznań suggested using the building as a centre for Judaism and tolerance. Karol Sauerland concluded that "[Marcin Libicki] – and unfortunately he is not the only one - appears not to want to know that Poznań also has a Jewish history, and that the Shoa was real".[17] This makes this book, by an author from Poznań, so much more important today.

---

[17] Karol Sauerland, "Politik der Abrissbirne - Ein politischer Streit um ein Synagogengebäude in Posen" ("Wrecking ball politics - a political row over a synagogue building in Poznań "), in: Frankfurter Allgemeine Zeitung (FAZ) no. 83, 7th April 2006, p. 29.

What is documented, published and kept in libraries across the world may not be easily forgotten.

25th April 2006 – Yom Hashoá 5766[18] and 3rd August 2006 – 9th Av 5766

Zvi Helmut Steinitz: Epilogue

04.05.2005 – With these lines, I bring the predominantly tragic chapter of my youth and the story of my family to an end. I wasn't even 18 years old when I was liberated. The reality of the Second World War had proved that the impossible was possible. (…) The Germans murdered my parents and my brother and they robbed me of almost six years of my youth, but they couldn't erase the memories of my wonderful childhood years and the early years of my adolescence.

As a father I later tried to give my own children at least a fraction of the atmosphere that I had enjoyed in childhood. It is with great melancholy that I remember a kind of dream world that was once mine, but which was robbed from my brother and me at an early age. In my mind I see my beloved mother at the grand piano and hear her playing and singing beautiful pieces by Schubert, Schumann and Mendelssohn. I hear my father's voice reading out Heine's poems and passages from his own letters. I hear my Uncle Georg playing the piano, and I thank him for my love for this instrument. I miss them all so; they were treasures lost before their time, which filled my youth with such a wealth of content.

I was born into a century that achieved countless highs in so many areas: science, technology, medicine, communication, military tech-

---

[18] Zvi Helmut Steinitz, together with a former fellow prisoner, laid down a wreath in the name of the survivors of Sachsenhausen concentration camp at the official celebration of the Israeli Holocaust remembrance day (25.04.2006) in Yad Vashem, Jerusalem, in the presence of the president, the head of the government and other personalities. Regina Steinitz and her twin sister Ruth read out the names of 40 children and carers from the former children's home on Fehrbelliner Street in Berlin, who were murdered; the two sisters and a friend are the only survivors of this home; see Inge Franken, Gegen das Vergessen - Erinnerungen an das jüdische Kinderheim Fehrbelliner Strasse 92 Berlin-Prenzlauer Berg, (Memories of the Jewish Children's Home Fehrbelliner street 92 Berlin-Prenzlauer Berg), Berlin 2005. On the eve of the 25th April 2006, Zvi Helmut Steinitz writes, amongst other things: "… Countless representatives of former Jewish communities were present, only that not one of them came from Germany: Where are the German Jews? They have died out, the few that remain are too old and frail to still function actively. How sad…."

nology and culture. But it also brought with it the moral downfall of Germany and its allies. Under the dictatorship of Adolf Hitler the German nation took part in the most gruesome crimes in world history, and was to blame for the genocide of six million Jews and millions of other people. A needless war ultimately led to Germany's self-destruction, which also claimed the lives of millions of Germans. Sadly, people didn't learn from the Second World War and the victims were forgotten all too quickly.

As far as "reparations" ("Wiedergutmachung") are concerned, I received a minimal "compensation" at the end of the fifties, for "damage of freedom" over 49 months. At the end of the nineties, I then received a sum from the German industry fund, which was paid to all former concentration camp prisoners in two spaced-out instalments. There was no talk of compensation for the loss of parents or school years, or for the stolen belongings. In order to receive the first compensation, I had to present witness statements for my time in the ghetto and the concentration camps, even though I bear an Auschwitz prisoner number on my arm. (…)

The end of the Second World War brought about worldwide political cataclysms. Nations that had been subjected to generations of European colonial dictatorship finally obtained legitimate national independence. After almost two thousand years, the Jewish people also regained their country. In Auschwitz I could never have dreamed that I would one day stand as a free man and witness the creation of the Jewish state of Israel in the year 1948. (…)

Sixty years have already passed since my arrival in Palestine, and the Israel of today bears no comparison to the country at that time. Hundreds of new villages and a few towns have been created. Barren landscapes have been planted with trees and turned into lush green with the help of watering units. Millions of people from almost all the world's continents have immigrated and helped with the development of the country. Israel is a modern state where different religions and cultures all have their place, despite tremendous differences. There is only one thing missing in this small country – peace with our neighbours.

After my liberation I dreamed of the Promised Land and of peace. The years of suffering in the Second World War and the Shoa were more than enough for me. I reached the Promised Land, but sadly the peace that I yearn for is still a long way away.

Shlomit and Ami Steinitz: Epilogue by the children

Our father's years of silence hid his suffering during the Holocaust and a piece of our past. He had no answer to our question regarding the number tattooed onto his arm.

This book describes his early life and the fate of his family in Europe. It took our father a long time to overcome his silence, and the story is written from a distance of around sixty years after the actual events. It is a personal history of our family, which carries on until the present day.

We grew up without real grandparents. An elderly, childless couple took over this role, and we called them "Savta Klara and Saba Willi" – Hebrew for Grandma Klara and Grandpa Willi. This was not uncommon for the families of survivors. Our family was reborn through us, but only the third generation has made us truly understand the importance of grandparents and made us see what we lacked in childhood.

We felt the familiarity that had been missing from our lives for the first time when our parents became grandparents. At the same time we experienced the continuation of generations, and at last we were able to feel that the figures of our ancestors were real family members and accept them as such.

Two generations were murdered back then and three new generations live on today. As children, our parents experienced the murder of their parents and siblings. As grandparents, they are now links in a new chain of generations.

Our father's history portrays a deep affinity with life and will never be forgotten.

2.4. Jüdisches Tagebuch in Deutschland und Polen (2010)[19]

Inhalt 96 (5)
Zwi Helmut Steinitz: Meine heilige Pflicht zu gedenken 97 (7)
Erhard Roy Wiehn: Aus dem vierten Leben eines Überlebenden 99 (9)
Zwi Helmut Steinitz: Jüdisches Tagebuch .... (13)

---

[19] Jüdisches Tagebuch – Ein Überlebender der Schoáh engagiert sich als Israeli in Deutschland, besucht seine Geburtsstadt Posen und das Massengrab seiner Eltern in Bełżec. Konstanz 2010.

I. Tagebuch in Deutschland 2008–2009 .... (13)
   Freiburg im März 2008 .... (13)
   Hamburg Ende März 2008 .... (16)
   Oranienburg und Sachsenhausen im April 2008 .... (20)
   Im Brandenburgischen Abgeordnetenhaus Ende April 2008 ..... (27)
   Berlin Mitte Oktober 2008 .... (28)
   Oranienburg und Sachsenhausen im April 2009 .... (29)
   Berlin im Mai 2009 .... (31)

II. Tagebuch in Polen im Mai 2009 .... (33)
   Kurze Vorgeschichte seit 2009 .... (33)
   Von Berlin nach Poznań 10. Mai 2009 .... (38)
   Gymnasium und Jüdische Gemeinde in Poznań 11. Mai 2009 .. (40)
   In unserer ehemaligen Posener Wohnung 12. Mai 2009 .... (49)
   Von Ostrowiec nach Zamość 13. und 14. Mai 2009 .... (56)
   Massengrab und Gedenkstätte Bełżec 15. Mai 2009 .... (58)
   Abschied von Poznań 16. und 17. Mai 2009 .... (69)

III. Tagebuch in Deutschland 2010 .... (72)
   Oranienburg und Schwerin im Januar 2010. .... (72)
   Berlin, Ravensbrück und Sachsenhausen im April 2010 .... (75)
   Berlin-Lichterfelde und "Eine blonde Provinz" im Mai 2010 .... (81)
   In Dresden Erster Preis für "Eine blonde Provinz" Juni 2010 .... (88)
   Oranienburger Gäste in Israel im Juni 2010 .... (90)

Nachwort: Dankbarkeit und Hoffnung 102 (91)
Marie-Elisabeth Rehn: Ein starkes Dokument der Trauerarbeit ...... (92)
"Eine blonde Provinz" – Einladung zur Uraufführung 11.5.2010 ... (94)
)
Zwi Helmut Steinitz .... 96)

Mein Tagebuch ist als Zeichen des Dankes allen gewidmet, die mich nach Deutschland und Polen eingeladen haben und einladen sowie allen, denen meine Erinnerungsarbeit in motivierender Erinnerung bleibt.

Zwi Helmut Steinitz: Meine heilige Pflicht zu gedenken

Die folgenden Auszüge aus meinen Tagebüchern 2008–2010 sind nicht nur für jene Menschen gedacht, die in meinem Leben der letzten Jahre eine bedeutende Rolle spielten und weiterhin spielen. Die Auszüge erinnern an besonders spannende Ereignisse der letzten Zeit, die mein persönliches Leben und das Leben meiner Familie prägten und prägen.

Unsere Deutschland-Reisen seit 2008 und besonders unsere Polen-Reise 2009 stehen in enger Verbindung mit unserer Vergangenheit in der Schoáh, die meine Frau Regina versteckt in Berlin und ich in verschiedenen KZs wie durch ein Wunder überlebten. Meine neue Aufgabe der Erinnerungsarbeit in Deutschland entwickelte sich in den letzten Jahren mit einer erstaunlichen Dynamik, da ich erst im fortgeschrittenem Alter die seelische Kraft gefunden hatte, zunächst in hebräischer Sprache meiner im deutschen Vernichtungslager Bełzec in Polen ermordeten Familie ein Denkmal zu setzen. Als einziger Überlebender meiner Familie hatte ich die heilige Pflicht, sie nicht in Vergessenheit geraten zu lassen.

Nach der Veröffentlichung des hebräischen Buches meiner Kindheits- und Schoáh-Erinnerungen im Jahre 2003 erwachte in mir der Drang, diese Schrift ins Deutsche zu übersetzen. Fast zwei Jahre widmete ich dieser Übersetzungsarbeit, danach begann die lange und schwierige Suche nach einem Verlag, bis meine Frau Regina auf Empfehlung des Goethe-Instituts in Tel Aviv die Anschrift des Hartung-Gorre Verlags in Konstanz erhielt, der sich durch Prof. Wiehn sofort bereit erklärte, meine Erinnerungen herauszugeben.

Die folgenden Tagebuchauszüge wollen einerseits der Opfer der NS-Herrschaft gedenken, andererseits aber auch den Menschen in Deutschland und Polen meine hohe Anerkennung aussprechen, die sich intensiv mit der Erinnerung der NS-Opfer beschäftigen, sei es in Gedenkstätten, Schulen und sonstigen Bildungsstätten oder durch andere Aktivitäten wie zum Beispiel in den Initiativen "Stolpersteine". Ihre großartigen Leistungen müssen unbedingt gewürdigt werden.

Durch sie kann die junge und in Frieden aufwachsende Generation lernen, wie sinnlos und zugleich folgenreich jedweder Hass ist, welch schreckliches, unfassbares Unheil und Leid der Zweite Weltkrieg durch die Schoáh angerichtet hat, und dass alle verantwortlich dafür sind, damit das Motto des Gedenksteins im ehemaligen Vernichtungslager Treblinka wahr werde: *Nie wieder!*

Tel Aviv, im September 2010

Jüdisches Tagebuch in Deutschland und Polen

Erhard Roy Wiehn: Aus dem vierten Leben eines Überlebenden

Zwi Helmut Steinitz hat in seinen Erinnerungen *Als Junge durch die Hölle des Holocaust*[20] eindrücklichst geschildert, wie er nach seinem *ersten Leben* einer wohlbehüteten Kindheit in Posen mit seinen Eltern und seinem jüngeren Bruder seit ersten beunruhigenden Vorahnungen ab 1933 nach der deutschen Besetzung Polens im September 1939 aus einem absolut normalen, gutbürgerlichen, musisch-kulturellen Familienleben ganz plötzlich herausgerissen und in die Hölle sich ständig steigernder, sich übertreffender, überschlagender, völlig unvorstellbarer Ereignisse gerät, die im Juni 1942 mit der Deportation seiner Eltern und seines Bruders aus dem Krakauer Ghetto in das Vernichtungslager Bełżec ihren ersten ebenso tragischen wie schaurigen Höhepunkt finden.

Mit gerade 15 Jahren muss sich Helmut Steinitz in seinem *zweiten Leben* nun allein durchschlagen, zunächst im Krakauer Ghetto und als Zwangsarbeiter in einer Wehrmachts-Autowerkstatt, 1943 im schrecklichen Arbeitslager Płaszów (Krakau) um sein Überleben kämpfen (Tatort von "Schindlers Liste"!), ab 1944 dann in Auschwitz, gelangte zum Glück bald in das etwas erträglichere dortige Siemens-Lager, nach der Räumung von Auschwitz jedoch ins KZ Buchenwald bei Weimar, 1945 durch ein Siemens-Arbeitslager in Berlin-Haselhorst ins KZ Sachsenhausen (35 km) nordöstlich von Berlin und wird am 3. Mai 1945 vor Schwerin endlich von der US Army befreit. Nicht einmal 18 Jahre alt will er so schnell wie möglich Europa verlassen, wo er ja längst alles verloren hat, um in *Erez Israel* – im Land Israel, im noch vor-israelischen Palästina sein neues Leben und seine neue Heimat aufbauen.

In neuer Freiheit beginnt Zwi sein *drittes Leben* zunächst noch unter britischer Mandats-Herrschaft im damaligen Palästina zuerst im Kibbuz Afikím, dann im neugegründeten *Kibbuz Buchenwald*[21] (später

---

[20] Zwi Helmut Steinitz, Als Junge durch die Hölle des Holocaust – Von Posen durch Warschau, das Krakauer Ghetto, Płaszów, Auschwitz, Buchenwald, Berlin-Haselhorst, Sachsenhausen bis Schwerin und über Lübeck, Neustadt, Bergen-Belsen, Antwerpen nach Erez Israel 1927–1946. Konstanz 2006, 2. durchgesehene und erweiterte Auflage (Mai) 2008.

[21] Erhard Roy Wiehn (Hg.), Wer hätte das geglaubt – Erinnerungen im Kibbuz Buchenwald – Netzer Sereni an Hachschará und Konzentrationslager 1939–1945–1985. Konstanz 2010.

und heute Netzer Sereni, südöstlich von Tel Aviv nahe Rechovot) und verlässt mit seiner Frau Regina bald den Kibbuz zu einem mühsamen Neubeginn völlig auf sich allein gestellt im neuen Staat Israel, den er gleich 1948 verteidigen helfen muss.

Regina und Zwi im *Kibbuz Buchenwald* 1949

Ihr erstes Kind, ein Junge, erhält den Namen *Ami Chaj* – "Mein Volk lebt"! Regina und Zwi erarbeiten sich ein erstes eigenes Heim, Regina wirkt als Kinderschwester. Ihre Tochter nennen sie *Schlomit* in Erinnerung an Zwis Mutter *Salomea*. Zwi Steinitz gelingt alsdann eine Karriere als Pionier des israelischen Blumenexports nach Europa, dem er sehr erfolgreich die besten Jahre seines Lebens widmet, um nach seiner Pensionierung schließlich zu schreiben und zu schreiben und zu schreiben.[22]

Zwi Helmut Steinitz wird erstmals im Jahre 2004 nach Hamburg eingeladen, spricht 2005 in einem Hamburger Gymnasium, ebenso 2007. Sein erstes Buch *Als Junge durch die Hölle des Holocaust* (Konstanz 2006) erweist sich schon sehr bald als Schlüssel zu seinem *vierten Leben*, er wird im März 2008 zur Buchvorstellung und Vorträgen nach Freiburg eingeladen und widmet sich nun mit größtem Engagement seiner ganz persönlichen Erinnerungsarbeit in Deutschland, indem er auf den verschiedensten Gedenkveranstaltungen als Zeit- und Augenzeuge spricht, unermüdlich Schulen und andere Bildungsstätten besucht und sich mit größter Hingabe jungen Menschen, Schülerinnen und Schülern zuwendet, um an seinem persönlichen wie am Schicksal seiner Familie Demütigung, Entrechtung, Verfolgung und Vernichtung der Jüdinnen und Juden im deutschbesetzten und deutschbeherrschten Europa hautnah anschaulich und verständlich zu machen.

Die hier gesammelten Tagebuchauszüge eines weit umfangreicheren Manuskriptes sind eine ebenso interessante wie wichtige Ergänzung der beiden früheren Schriften des Autors, und es erscheint ebenso unglaublich wie beispielhaft, was ein Mensch nach fast unvorstellbar schrecklichen Erfahrungen in frühester Jugend dennoch aus seinem Leben machen konnte und kann. Zwar sitzt der Schmerz des Verlustes so tief, dass er niemals ganz vergehen wird, nur manchmal vielleicht kurzzeitig verstummt, um jedoch unvermeidlich immer wieder zurückzukehren.

Und doch hat der Lebensschmerz seiner nie verheilenden seelischen Verletzungen und Verwundungen diesen Mann nicht verbittert, er ist trotzdem nicht nur ein Mensch geblieben, sondern geradezu eine Seele von Mensch geworden. Das ist es, was auch seine Bücher außer ihrem gewichtigen Informationsgehalt so besonders lesens- und liebenswert macht. Sie zeigen, dass Hass nicht mit Hass vergolten werden muss, sondern Humanität hervorbringen kann, die wiederum Humanität bewirken mag.

---

[22] Zwi Helmut Steinitz, Vom Holocaust-Opfer zum Blumenexport-Pionier – Von Posen durch das Krakauer Ghetto und deutsche KZs nach Israel zum Gemüseanbau im Kibbuz und zum israelischen Blumenexport 1927–2007. Konstanz 2007.

Ganz herzlich zu danken ist Zwi Helmut Steinitz für seine nun schon dritte Schrift als weiteres Lehrstück über die Schoáh, gegen das Vergessen in Deutschland und Polen und für eine gemeinsame, friedliche Zukunft aller Menschen guten Willens. Herzlicher Dank gebührt auch Dr. Marie-Elisabeth Rehn für ihre ebenso engagierte wie kritische Mitwirkung bei den Editionsarbeiten.

Was aufgeschrieben, veröffentlicht und in etlichen Bibliotheken der Welt entsprechend aufgehoben ist, wird hoffentlich nicht so schnell vergessen, damit daraus gelernt werden kann.

22. Oktober 2010 – 70 Jahre nach der Deportation der badischen und saarpfälzischen Juden in das südwestfranzösische Internierungslager Camp de Gurs

Zwi Helmut Steinitz: Dankbarkeit und Hoffnung

Meine Absicht war, das Tagebuch mit unserem Besuch im Todeslager Bełżec abzuschließen, in dem meine Familie ermordet wurde.

Das herzliche Willkommen, die bewegenden Ereignisse und Erlebnisse, denen Regina und ich im Laufe von 11 Tagen im Januar 2010 in Oranienburg begegneten, wurden mit besonderer Sorgfalt und Hingabe von unseren Gastgebern vorbereitet und haben diesem Besuch einen besonderen Charakter verliehen.

Die warmherzige Betreuung und Aufmerksamkeit, die uns geschenkt wurde, stellten meine Familie sowie Kinder und Erzieherinnen des jüdischen Kinderheims in Berlin in den Mittelpunkt unseres Besuches. Gleichzeitig das Interview, das Filmen gemeinsamer Erlebnisse, die Bestellung von 120 meiner Bücher als Geschenke für Abiturientinnen und Abiturienten, das alles war ein einmaliger Höhepunkt im Rahmen unserer Erinnerungs- und Gedenkarbeit für die NS-Opfer in Deutschland.

Daher kam der Gedanke, den Januarbesuch 2010 dem Tagebuch beizufügen. Denn wir erlebten eine unermüdliche und vorbildliche Bereitschaft deutscher Lehrer und Erzieher, Schülerinnen und Schüler zur Übernahme von Verantwortung für das Erinnern und Gedenken der NS-Verbrechen. Deshalb werde ich und andere Überlebende eingeladen, um die Lebensberichte von Augen- und Zeitzeugen zu hören.

Alle wollen die Wahrheit wissen, um aus der finsteren Vergangenheit für die Zukunft zu lernen. Diese Erinnerungsarbeit wird fortgesetzt.

2.5. Durch Zufall im Holocaust gerettet (2012)[23]

Inhalt

Widmung und Dank 104 (6)
Zufall und Eigeninitiative 104 (7)

Zwi Helmut Steinitz: Durch Zufall im Holocaust gerettet .... (13)

Vorbemerkungen zum ZUFALL .... (13)
Die folgenreiche Entscheidung vom 31. August 1939 .... (13)
Gefälschte Papiere in Krakau im November 1939 .... (17)
Meine Flucht aus der Reihe am 31. Mai 1942 .... (19)
Abschied an meinem Geburtstag am 1. Juni 1942 .... (25)
Leiden in und Entkommen aus Płaszów im Dezember 1942 .... (33)
Mein Lebensretter in Auschwitz im Februar 1944 .... (39)
Glück beim Todesmarsch nach Gleiwitz im Januar 1945 .... (44)
Rettung in Buchenwald durch Siemens im Februar 1945 .... (45)
Hoffnung im KZ Sachsenhausen im März 1945 .... (50)
Der Tag meiner Befreiung am 3. Mai 1945 .... (54)
Entscheidungen in der Nachkriegszeit ab 1945 .... (57)
Das Leben und die Liebe im Kibbuz Afikím ab 1946 .... (61)
In Netzer Seréni, Berater und im Blumenexport seit 1959 .... (65)
Nach dem Berufsleben die Erinnerungsarbeit seit 2003 .... (71)
Jeder ZUFALL ist ein Sonderfall .... (76)
Weitere Fotos .... (81)

Erhard Roy Wiehn: Der Zufall als listiger Überlebenshelfer 108 (85)

Zwi Helmut Steinitz .... (91)
Herausgeber .... (93)

Ausgewählte Literatur .... (94)

---

[23] Durch Zufall im Holocaust gerettet – Rückblick eines Israeli aus Posen; der das Krakauer Ghetto und deutsche KZs durchlitt und überlebte. Konstanz 2012.

Widmung und Dank

Den Unbekannten gewidmet,
die mir durch Zufall das Leben retten halfen,
aber auch allen Bekannten und Freunden,
dir mir durch Zufall in meinem Leben weiterhalfen.
Mein innigster Dank gilt meinen lieben Eltern,
Salomea und Hermann Steinitz,
die mir die seelische und moralische Kraft gaben,
die Hölle des Holocaust zu überleben.

Zwi Helmut Steinitz: Zufall und Eigeninitiative

Öfter wurde mir die Frage gestellt: "Wie erklären Sie Ihr Überleben im Holocaust?" Diese Frage habe auch ich mir mein Leben lang gestellt. Kann man darauf überhaupt eine Antwort zu finden? Im folgenden will ich mich damit beschäftigen, und zwar auf Anregung von Prof. Roy Wiehn insbesondere unter dem Gesichtspunkt ZU-FALL, der in meinem Leben eine bedeutende Rolle spielte und noch immer spielt. Dabei ist auch mein Alter zur Zeit der Vertreibung meiner Familie aus Posen[24] im November 1939 in Betracht zu ziehen, denn damals war ich gerade mal 12 Jahre jung. Doch meine vorzeitig abgebrochene Kindheit machte mich über Nacht zu einem frühreifen, fast erwachsenen Jugendlichen, der schnell lernen musste, sich unter den grauenhaften Bedingungen Naziherrschaft zurechtzufinden.

---

[24] Posen hatte 1880 insgesamt. 65.713 Einwohner, darunter 7.043 Juden; 1905 insgesamt 136.808 Einwohner, darunter 5.761 Juden (März 1931: 2.100; 01.01.1938: 2.810); 1930: 253.920; 2005: ca. 575.000; siehe auch Stefi Jersch-Wenzel (hg.), Quellen zur Geschichte der Juden in polnischen Archiven: 1. Ehemalige preußische Provinzen. Pommern, Westpreußen, Ostpreußen, Preußen, Posen, Grenzmark Posen-Westpreußen, Süd- und Neuostpreußen. München 2003; Salomon Ludwig Steinheim-Institut für deutsch-jüdische Geschichte an der Universität Duisburg, "Zwischen Polen und Deutschland – Jüdische Geschichte in Posen/Poznań, Tagung 22.–24. November 1998."

Posen gehörte seit der Zweiten Polnischen Teilung bzw. seit 30. Januar 1793 zu Preußen und war Hauptstadt der preußischen Provinz Posen; mit dem Versailler Vertrag kamen die Stadt und weite Teile der Provinz zu Polen; im September 1939 folgte die Besetzung durch die deutsche Wehrmacht, Posen wurde Hauptstadt des Reichsgaues Wartheland; am 4. Oktober 1943 gab es hier die berüchtigte dreistündige geheime Rede des Reichsführers SS und Chefs der deutschen Polizei, Heinrich Himmler, vor 92 SS-Offizieren zur "Endlösung der Judenfrage"; am 23. Februar 1945 wurde Posen von sowjetischen Truppen unter General Schukow erobert; 1999 wurden "1000 Jahre Posen" gefeiert und 2003 "750 Jahre Stadtrecht"; vgl. dazu: http://de.wikipedia.org/wiki/Posen

Ständige Bedrohung, Angst vor Deportation, Ungewissheit und Hilflosigkeit hatten das Leben meiner Familie nach der Flucht und Vertreibung aus Posen in der Krakauer Fremde geprägt. Immer neue antijüdische Maßnahmen machten uns das Leben zur Hölle. Diese bedrohliche Atmosphäre weckte in mir starke Lebensinstinkte und eine bislang unbekannte Wachsamkeit, Eigenschaften, die in den folgenden Jahren überlebenswichtig waren. Dazu prägte Angst unser tägliches Leben, ewige Angst vor andauernd lauernden Gefahren. Nirgends konnte man sich mehr sicher fühlen, nicht einmal in den eigenen vier Wänden

Jeder uniformierte Deutsche besaß die Macht, uns auf der Straße oder in der Wohnung zu verhaften, uns aus der Wohnung zu vertreiben, uns zu schlagen, unseren letzten verbliebenen Besitz und die Menschenwürde zu rauben, sogar uns auf der Stelle zu erschießen. Diese rapide Veränderung unseres Lebens begann sofort nach der deutschen Besetzung von Posen am 10. September 1939. Von heute auf morgen wurden wir Juden völlig rechtlos. Unsere Angstgefühle waren gewiss eine klare Vorwarnung vor kommenden Gefahren.

In meinem Buch "Als Junge durch die Hölle des Holocaust"[25] (Konstanz 2006, 2. erweiterte Auflage 2008) habe ich die Geschichte meines Überlebens fast kommentarlos dargestellt und nicht weiter analysiert. Immer wieder habe ich jedoch nach einer Erklärung gesucht, warum gerade ich als "Muttersöhnchen" überleben konnte und nicht mein ein Jahr jüngerer, sportlicher, viel selbständigerer Bruder Rudolf. Er und so viele andere junge Menschen hatten aber offenbar nicht das Glück, sich zu retten.

Vielleicht ist es von Bedeutung zu erwähnen, dass meine Gedanken sich damals ständig und vor allem mit dem *Überleben* des heutigen und morgigen Tages beschäftigten und nicht unbedingt mit dem andauernd drohenden *Tod*, der mir wie ein Schatten auf Schritt und Tritt zu folgen schien. Meine langjährige Erfahrung unter dem Nazijoch lehrte mich nämlich, Gefahren zu wittern und ihnen möglichst rechtzeitig zu entkommen. Doch niemals konnte eine gewagte Entscheidung und ein von wachsamen Instinkten spontan geleiteter Schritt auch einen Erfolg garantieren.

---

[25] Zwi Helmut Steinitz, Als Junge durch die Hölle des Holocaust – Von Posen durch Warschau, das Krakauer Ghetto, Płaszów, Buchenwald, Berlin-Haselhorst, Sachsenhausen bis Schwerin und über Lübeck, Neustadt, Bergen-Belsen, Antwerpen nach Erez Israel 1927–1946. Konstanz 2006, 2. erweiterte Auflage 2008.

Ständige Ungewissheit begleitete mich Tag für Tag. Jeder Schritt vorwärts oder rückwärts, nach links oder rechts brachte akute Gefahren mit sich. Die damaligen Gegebenheiten verlangten oft eine sofortige Entscheidung, die in Sekunden getroffen werden musste. Immer wieder erfanden die SS-Sadisten neue Schikanen, die ständig neue Herausforderungen verborgender Gefahren darstellten, denen ich mich stellen musste.

Was dachten meine Eltern am 31. Mai 1942, als ich als einziges Mitglied unserer Familie mit einer Aufenthaltsgenehmigung der Deutschen erschien – und sie mit Rudolf am 1. Juni 1942 zum Abtransport ins Todeslager Bełżec[26] verurteilt waren? Hatte ich sie überrascht und in ihren schwersten Stunden vor dem Abschied die Hoffnung geweckt, dass ich es auch künftig schaffen würde, der deutschen Vernichtungsplanung zu entkommen? Eine Frage, die für mich ein ewiges Geheimnis bleiben wird und mir keine Ruhe lässt.

Im Rückblick überkommt mich öfter das Gefühl, dass ich die Geschichte einer anderen Person und nicht meine eigene darstelle. Kaum

---

[26] Bełżec war ein Vernichtungslager bei der gleichnamigen kleinen Stadt im südlichen Distrikt Lublin/Polen, im Mai 1940 zunächst für jüdische Zwangsarbeiter errichtet, die an der Befestigung der deutsch-sowjetischen Demarkationslinie arbeiten sollten. Anfang Dezember 1941 wurde begonnen, ein Vernichtungslager zu errichten: In der ersten Phase gab es drei Gaskammern; Ende Februar 1942 einen ersten Versuch, wobei von einem Dieselmotor von 250 PS Kohlenmonoxyd in die Kammern gepumpt wurde. Etwa Mitte März 1942 begann das Massenvernichtungsprogramm, bei dem auch 700–1000 jüdische Häftlinge eingesetzt waren, nämlich zur Kleidersammlung und Kleidersortierung sowie um Goldzähne zu ziehen und zu sortieren, später wurde auch vor der Vergasung geschorenes Frauenhaar gesammelt; die Leichen wurden in Panzergräben verscharrt; nur wenige Häftlinge überlebten diese Arbeiten um mehr als einige Monate. Allein "In den ersten vier Wochen, von Mitte März bis Mitte April 1942, wurden insgesamt 80.000 Juden im Lager Bełżec ermordet..." Anfangs dauerte es von der Ankunft im Lager bis zur Entfernung der Leichen drei bis vier Stunden, später nur 60–90 Minuten. "Der Massenmord wurde im Mai 1942 wieder aufgenommen, und die Transporte brachten nun auch Juden aus dem Ghetto und dem Distrikt Krakau." – "Die neuen Gaskammern fassten 1.000 bis 12.000 Personen, etwa die Zahl, die in 12 bis 13 Güterwagen transportiert wurde." – "Die Gesamtzahl der Mordopfer in Bełżec wird auf 600.000 geschätzt, fast alle Juden..." Im Dezember 1942 wurde das Vernichtungsprogramm eingestellt, anschließend wurden die Massengräber geöffnet, die Leichen verbrannt und alle Spuren zu verwischen versucht. Nur der Adjutant des ersten Lagerkommandanten wurde 1963 vor dem Münchener Landgericht zu dreieinhalb Jahren Haft verurteilt, einige Trawniki-Männer bzw. Ukrainer in der Sowjetunion; siehe Eberhard Jäckel et al. (Hg.), Enzyklopädie des Holocaust. Band I, München 1995, S. 175 ff.; vgl. http://de.wikipedia.org/wiki/Vernichtungslager_Belzec

kann ich begreifen, wie es mir gelungen ist, unzähligen lebensbedrohlichen Situationen zu entkommen und trotz aller körperlichen Strapazen einigermaßen gesund zu bleiben. Einigen Menschen verdanke ich dabei entscheidende Hilfe in höchster Not, da sie mir letztlich das Leben retteten.

Nach der Deportation meiner Eltern Hermann und Salomea Steinitz sowie meines Bruders Rudolf am 1. Juni 1942 nach Bełżec allein im Ghetto Krakau[27] verblieben und danach in verschiedenen KZs war ich ein Fremder unter Fremden. Ich war völlig auf mich selbst gestellt, meine Schritte zu bestimmen, abgesehen vom übermächtigen SS-Terror, welcher der eigentliche Herr meines Schicksal war. Die ständige Ungewissheit war ein tägliches Problem, infolgedessen war jeder Entschluss und Schritt, den ich zu unternehmen gedachte oder zu unternehmen gezwungen war, mit Lebensgefahr verbunden.

Wachsamkeit und scharfe Instinkte haben dazu beigetragen, mich den Herausforderungen wiederholter ZUFÄLLE zu stellen, die schließlich unter völlig unterschiedlichen Umständen zu meiner Rettung führten. Mein Leben glich einem Glücksspiel. Und doch konnte das "Muttersöhnchen" Helmut Steinitz dem deutschen Vernichtungsapparat tatsächlich entkommen!

Im folgenden werde ich meine Überlebensgeschichte darstellen und dabei auch versuchen, mein Verhalten in kritischen Stresssituationen zu schildern, und zwar im Hinblick darauf, welche Rolle der ZUFALL, aber auch die Eigeninitiative in meinem Leben spielten.

Tel Aviv, im Februar 2012

---

[27] Im Jahre 1939 umfasste die Jüdische Gemeinde Krakau 56.515 Menschen; Eberhard Jäckel et al. (Hg.), Enzyklopädie des Holocaust. Band II, München 1995, S. 1133; dazu Jehuda L. Stein, Juden in Krakau – Ein historischer Überblick 1173–1939. Konstanz 1997; ders. Die Steins – Jüdische Familiengeschichte aus Krakau 1830–1999. Konstanz 1999; ders. Jüdische Ärzte und das jüdische Gesundheitswesen in Krakau – Vom 15. Jahrhundert bis zur Schoáh. Konstanz 2006.

"Am 3. März 1941 erließ der Gouverneur des Distrikts Krakau, Otto Wächter, eine Verordnung zur Errichtung eines Ghettos in Podgórze, einem Viertel im südlichen Teil der Stadt. Am 20. März wurde dieses Ghetto mit Mauer (Foto S. 29) und Stacheldrahtzaun abgeriegelt. Es umfasste ein Gebiet von 600 mal 400 Meter, das von der Limanowskiego-Straße durchschnitten wurde. Außer den Krakauer Juden wurden auch mehrere tausend Juden aus den umliegenden Gemeinden in dieser Ghetto umgesiedelt... Ende 1941 lebten 18.000 Juden im Ghetto. Die größten Probleme waren die Überfüllung und die sanitären Bedingungen." In: Eberhard Jäckel et al. (Hg.), Enzyklopädie des Holocaust. Band II, München 1995, S. 809; vgl. dazu: http://de.wikipedia.org/wiki/Ghetto_Krakau

Erhard Roy Wiehn: Der Zufall als listiger Überlebenshelfer

Zwi herzlichst zum 85. Geburtstag am 1. Juni 2012
73 (1939) – 70 (1942) – 67 (1945) Jahre danach

"Sofern eine Begebenheit
nicht unter eine besondere Regel ihrer Ursache fällt,
so ist's Zufall." Immanuel Kant (1724–1804)

"Zufall"[28] im Leben nennen wir ein Ereignis, das wir weder erwartet noch beabsichtigt haben, das nicht vorhersehbar war und das wir uns auch nicht ursächlich erklären können: "Zufällig" begegnen wir Menschen, "zufällig" geraten wir in einen Unfall, "zufällig" haben wir auf einer Reise gutes oder schlechtes Wetter erwischt, usw., usf.

Wir erleben "gute", "glückliche", "positive Zufälle" (z.b. "Liebe auf den ersten Blick") und "böse", "unglückliche", "negative Zufälle" (z.b. plötzlicher Stromausfall am Computer); sofern wir einen Zufall allein erfahren, handelt es sich um eine Art "singulären" oder "Solo-Zufall" (z.B. Lotteriegewinn), ist ein anderer Mensch oder sind mehrere andere Menschen damit konfrontiert, so handelt es sich um so etwas wie einen "pluralen Zufall" (z.B. Massenkarambolage).

Mancher "Zufall" ist tatsächlich ein "Zu–Fall", er steht uns nicht (unbedingt) zu, sondern er fällt uns zu, ob wir wollen oder nicht, und manchen können wir gar nicht zurückweisen, insbesondere kaum einen negativen Zufall, wie etwa einen "zufälligen" Verkehrsunfall. Einen "glücklichen Zufall" hingegen werden wir natürlich nicht ablehnen wollen, und manchmal gibt es sogar den "glücklichen im unglücklichen Zufall", also "Glück im Unglück".

Neben dem klar erkennbaren "offensichtlichen Zufall", gibt es auch eine Art "verhüllten Zufall", den wir erst durch unsere eigene Intuition als Zufall zu erkennen und zu deuten vermögen, und bei vielen Zufällen, nicht nur bei Solo-Zufällen, ist spontane Eigeninitiative nötig, um diese tatsächlich effektiv zu nutzen.

"Zufall" ist mit dem Begriff "Schicksal" verwandt: Ein "positiver" wie ein "negativer Zufall" kann unser Leben beeinflussen und bestimmen oder sogar beenden, insofern kann ein "Zufall" zugleich "Schicksal" sein, etwas, das uns "geschickt" wurde, ohne dass wir es selbst bei irgendwem, irgendwie, irgendwo bestellt hätten. Es gibt kleine und große Zufälle, unwichtige, weniger wichtige, wichtige und sehr wich-

---

[28] Vgl. http://de.wikipedia.org/wiki/Zufall

tige Zufälle, die wir als schicksalhafte oder lebensbestimmende Zufälle verstehen.

Man könnte der Frage nachgehen, ob Erfahrungen des Zufalls alters-, geschlechts-, berufs-, kultur-, religions-, traditions-bedingt oder -bestimmt sein könnten und dementsprechend durchaus unterschiedlich mit ihnen umgegangen wird. Vielleicht gibt es sogar Menschen, die überhaupt keine Zufalls-Erfahrungen besitzen, weil es in ihrer Sprache gar keinen Begriff dafür gibt.[29] Im Gegensatz dazu mag es Menschen geben, die man als regelrechte, vielleicht als besessene "Zufalls-Sucher" oder gar "Zufalls-Jäger" bezeichnen könnte, die eine Antenne oder einen "siebten Sinn" dafür zu haben scheinen, und weil sie ständig den Zufall suchen und ihm nachjagen, diesen tatsächlich auch immer wieder finden.

Nun können wir alle diese sehr unterschiedlichen Zufälle einerseits in Friedens-Zeiten betrachten, andererseits in Krisen- und Kriegs-Zeiten, und dabei ist wohl völlig klar, dass Zufälle in Friedenszeiten im allgemeinen weniger tragisch aus–fallen dürften (von tödlichen Zufällen einmal abgesehen) als in Krisen- und besonders in Kriegszeiten, wo naturgemäß unvergleichlich viel mehr Probleme, Gefahren und tödliche Gefahren und somit auch Todes-Zufälle lauern.

Übrigens wird das Phänomen des Zufalls schon immer wohl in allen Wissenschaften behandelt,[30] erstaunlich oder nicht besonders interessant in der Mathematik, Statistik und Physik, besonders gründlich (und teils lustig!) in der Philosophie und selbstverständlich (eo ipso) auch in der Theologie und Religionswissenschaft, und von jeher wird im Zufall das Wirken einer Höheren Macht (eines Schutzengels?) bzw. das Wirken (die List?!) "der Götter" bzw. *Gottes* gesehen, wodurch dann auch eine Art quasi-kausaler Erklärung eines Zufalls möglich erscheint.[31]

---

[29] Es wäre interessant, einmal den Inhalten und Konnotationen der englischen Begriffe accident, chance, coincidence, concurrence, contingency, fortune etc. nachzugehen, die im Französischen ganz ähnlich lauten; im Hebräischen (Ivrit): ZUFALL - מקרה – מקריות, mikrijut oder mikre; zufällig - במקרה - be'mikre.

[30] Interessant wäre auch die Frage nach dem Zufall in der Bibel, in der Literatur (Krimis!) und Kunst.

[31] In meinem Leben habe ich derart erstaunliche Zufälle erlebt, dass ich inzwischen eigentlich nicht mehr so recht "an Zufälle glaube", weil es soviel Zufall auf einmal" eigentlich gar nicht geben kann. Vielleicht ist ein "Zufall" einfach nur ein Ereignis, bei dem uns etwas "zu–fällt", das wir uns nicht vernünftig erklären können, weil seine Kausalketten zu kompliziert sind? Sind Zufälle das

*

Zwi Helmut Steinitz reflektiert und schreibt schlicht, einfach und ergreifend über seine ganz persönlichen, wahrlich extremen Zufalls-Erfahrungen als 12- bis 18-jähriger deutsch-jüdischer Junge aus Posen im Zweiten Weltkrieg, nämlich dass und wie er durch eine ganze Kette von teils geradezu dramatischen Zufällen den Holocaust überlebte. In seinen Zufalls-Erfahrungen lagen gewissermaßen "zeit–gemäß" der Überlebens-Zufall und der Todes-Zu-Fall oft unglaublich dicht nebeneinander und sogar in- und übereinander.

Seine berührende Lebens- und Überlebensgeschichte hatte er längst schon sehr detailliert in seinem ersten Buch "Als Junge durch die Hölle des Holocaust" (Konstanz 2006. 2. Auflage 2008) geschildert ("1. und 2. Leben"), sein Leben in der Nachkriegszeit in "Vom Holocaust-Opfer zum Blumenexport-Pionier" ("3. Leben") (Konstanz 2007), seiner Erinnerungsarbeit vor allem in Deutschland in "Jüdisches Tagebuch" ("4. Leben")[32] (Konstanz 2010); in allen diesen Schriften wird durchaus auch schon die Rolle des Zufalls thematisiert, wenn auch nicht pointiert und zentral.

In der vorliegenden Schrift sinnt Zwi Helmut Steinitz nun aber vertieft der Bedeutung der List des Zufalls bei seinem Überleben nach und führt dabei vor Augen, dass er eigentlich nur *durch Zufall im Holocaust gerettet* wurde, das heißt durch eine Kette gänzlich unbeabsichtigter, unvorhersehbarer, unerklärlicher Ereignisse, und das bedeutet letztlich, dass sein Überleben überhaupt und an sich eigentlich unerklärlich bleibt, was er auch selbst so zu empfinden scheint.[33]

Mit dieser Unerklärlichkeit seines eigenen Überlebens kann er anscheinend jedoch durchaus leben, und er braucht keine zusätzliche

---

Gegenteil des kausal Erklärbaren? Wenn Zufälle keine Zufälle sein sollten, was sind sie dann? Eine List? Wessen List? Die ganze Welt als listiger Zufall? Aber, so Albert Einstein: "Gott würfelt nicht." Was nun? Vgl. Erhard Roy Wiehn, MenschWerden – Dem Leben seinen Sinn geben. Erinnerungen 1937-2012. Konstanz 2012, S. 12, 131, 265, 286, 321, 323, 447, 474; dazu Meir Shalev: "Ich sage die ganze Zeit 'zufällig', aber wenn so viele Dinge zufällig auf einmal passieren, ist das ein Zeichen, dass hier irgendein Plan vorliegt, irgend ein Falle, wie man sie Vögeln stellt." In: Judiths Liebe. Zürich 1999, S. 123.

[32] Dazu: Erhard Roy Wiehn, "Aus dem vierten Leben eines Überlebenden", in: Zwi Helmut Steinitz, Jüdisches Tagebuch. Konstanz 2010, S. 9 ff.

[33] Immer wieder haben Holocaust-Überlebende die Frage gestellt: *Warum habe ich überlebt?* Vgl. z.B. Aharon Appelfeld, Der Mann, der nicht aufhörte zu schlafen. Roman. (2010) Berlin 2012, S. 87 f.; Zvi Sohar, Aus der Finsternis zum Licht. Konstanz 2012, S. 103 ff.

"übernatürliche" Erklärung, denn weder in seinen beschreibenden Rückerinnerungen noch in seinen aktuellen Kommentaren kommt das Wort "Gott" auch nur ein einziges Mal vor. Allerdings betont er immer wieder, wie er lebensentscheidende Zufälle selbst mit unglaublicher Intuition nicht nur erkennen, sondern mit ebenso erstaunlicher Initiative auch nutzen konnte bzw. musste und schließlich zumeist erfolgreich zu nutzen wusste, nämlich durch die dazu gegebene Gelegenheit, die andere eben gar nicht hatten (z.b. Vater und Bruder bei der Selektion in Krakau, S. 20 ff.).

Zwi Helmut Steinitz erwähnt nicht zuletzt immer wieder seine "Instinkte", womit in den damit befassten Wissenschaften eine Art deterministische "Naturtriebe" gemeint sind, also das artspezifische biotische Programm subhumaner Lebewesen, welches ihr gesamtes Verhalten vom Anfang bis zum Ende ihres Lebens steuert. Nun wird (empirisch gut bestätigt) angenommen, dass eben diese Instinkt-Steuerung bei Menschen mehr oder weniger stark reduziert ist und menschliches Handeln und Verhalten daher vor allem durch soziale Werte und Normen gesteuert werden muss. Insofern der Autor jedoch immer wieder und ganz entscheidend die Rolle seiner "Instinkte" betont, stellt sich natürlich die Frage, was genau damit gemeint sein kann. Vielleicht hat die Wissenschaft hier bislang etwas Wichtiges übersehen?

Überdies schreibt er auch davon, dass ihm eine gewisse innere Stimme einen bestimmten Schritt als Versuch des Überlebens eingeflüstert oder gar befohlen habe, z.B.: "Fliehe sofort aus dieser Reihe, bevor es zu spät ist!" (S. 20) War dies gewissermaßen das "nackte, leiblich-vitale Leben selbst", das sich innerlich fast unwiderstehlich stark artikuliert und sich gegen himmelschreiende Barbarei, gegen Mord, sinnloses Sterben und zu frühen Tod so heftig aufgebäumt hat? Und welche Rolle spielten jenseits dieser oder in Verbindung mit diesen möglichen "animalisch-vitalen" Eigenkräften in einer solchen dramatischen Verhaltensdisposition die Psyche, der Geist, der Wille, das allerkleinste Fünkchen Überlebens-Hoffnung im Kopf oder Bauch oder sonstwo?

Auch ohne alle diese Fragen geklärt zu haben, kann man auf jeden Fall enorm viel aus dem außergewöhnlichen Leben und Überleben von Zwi Helmut Steinitz lernen, nämlich sich der Risiken und Chancen des Zufalls bewusst zu sein und mit geschärften Sinnen achtsam und wachsam zu leben, nicht leichtsinnig auf den Zufall zu bauen, sondern ihn aktiv, beherzt und klug zu nutzen. Von ihm lernen heißt nichts weniger als menschlich leben lernen. Deshalb ist unserem Freund und Autor Zwi Helmut Steinitz einmal mehr sehr herzlich für seine unschätzbare, ganz unverwechselbare, bleibende, zukunftsträchtige Erinnerungsarbeit zu danken; denn nur was aufgeschrieben, veröffentlicht und in einigen Bibliotheken der Welt aufgehoben ist, wird nicht so schnell vergessen, damit vielleicht daraus gelernt werden kann. – (1.)7./8. März 2012 – Purim 5772

2.6. Meine deutsch-jüdische Kindheit im polnischen Posen (2015)[34]

Inhalt 112 (5)
Zwi Helmut Steinitz: Erinnerungen zum ewigen Gedenken 114 (9)
Erhard Roy Wiehn: Damit daraus gelernt werden kann 118 (12)
Zwi Helmut Steinitz: Kindheit und Wiedersehen in Posen .... (17)
I. Kindheit in Posen 1927–1939 .... (17)
1. Meine Kindheit im Elternhaus .... (17)
   Kinderjahre im Elternhaus .... (17)
   Meine Eltern .... (20)
   Die Großeltern .... (24)
   Meine Mutter .... (24)
   Häusliche Atmosphäre .... (25)
   Weitere Kindheitserinnerungen .... (27)
   Kindergarten und Schule .... (29)
   Das Schiller-Gymnasium .... (30)
   Kinderjahre in Posen .... (36)
   In den Bergen .... (40)
   Der Reiz der Eisenbahn .... (41)
   Kindermädchen Viktoria .... (44)
   Onkel Georg .... (45)
   Die Spielzeug-Eisenbahn .... (47)

---

[34] **Eine deutsch-jüdische Kindheit im polnischen Posen – Erinnerungen eines Überlebenden und ein Wiedersehen nach 70 Jahren 1927–1939–2009. Konstanz 2015.** –Im vorliegenden Band *Meine deutsch-jüdische Kindheit im polnischen Posen* berichtet Zwi Helmut Steinitz über seine glückliche Kindheit in Posen 1927–1939 bis zum Anfang vom bitteren Ende des Lebens in Posen und vom schrecklichen Ende der Familie Steinitz in Krakau und Bełzec am 1. Juni 1942 sowie über sein überraschendes Wiedersehen mit Posen im Mai 2009.

Das schreckliche Feuer .... (47)
Verschiedene Jahreszeiten .... (49)
Gutenacht-Geschichten .... (53)
Lektüre und Vaters Kriegsgeschichten .... (55)

2. Freuden, Pflichten und kleine Sorgen .... (57)
Geliebte Hausmusik .... (57)
Vater als Nachhilfelehrer .... (60)
Nochmals Mutters Familie .... (60)
Judentum und Antisemitismus .... (62)
Nochmals Schiller-Gymnasium .... (64)
Lehrer und jüdische Schüler .... (66)
Die neue Wohnung .... (67)
Weitere Erinnerungen an die Schulzeit .... (69)
Nationalismus und Fanatismus .... (71)
Sprachen in Posen, Krakau und Auschwitz .... (73)
Juden in Posen .... (74)
Erfahrung mit Scharlach .... (74)
Posen als Grenzstadt .... (76)
Feste für Kinder .... (77)
Musik und Erziehung .... (78)
Was nicht vorauszusehen war .... (80)
Die letzten Familienferien .... (81)

3. Das Elternhaus als Ort der Träume .... (82)
Nochmals unsere Wohnung .... (82)
Die Wunder der Jahreszeiten .... (83)
Verheerende Macht der Natur .... (85)
Sommerferien im Wald .... (87)
Freude am Elternhaus .... (88)
Judentum und Deutschtum .... (90)
Die Tragödie der Eltern .... (91)
Allein geblieben .... (93)
Nochmals in die Kindheit .... (94)
Mein Lieblingsessen .... (95)
Eine Zeit völliger Ungewissheit .... (96)
Vergangenheit, Gegenwart, Zukunft .... (97)
Später im Kibbuz .... (99)
Nochmals Eltern und Familie .... (100)
Unsere letzte Haushaltshilfe .... (102)

4. **Die Zeit zwischen Frieden und Krieg** .... (106)
   Vertrauen zu den Eltern .... (106)
   "Abschiebung" aus Deutschland .... (107)
   Tod der Großeltern .... (110)
   Zwischen Frieden und Krieg .... (111)
   Die letzten Ferien abgebrochen .... (112)
   Die kommende Katastrophe .... (114)
   Erste Flucht aus Posen .... (115)
5. **Am Beginn einer Weltkatastrophe** .... (119)
   Unsere Flucht aus Posen .... (119)
   Zuflucht in einem jüdischen Dorf .... (120)
   Rückkehr nach Posen .... (123)
   Gestapo in unserer Wohnung .... (124)
   Vater beim Gestapo-Chef .... (126)
   Posen deutsch besetzt .... (128)
   SS-Mann fordert unsere Wohnung .... (131)
   Zwangsräumung unserer Wohnung .... (132)
6. **Der Anfang vom tragischen Ende** .... (134)
   Enteignung, Verhaftung, Internierung .... (134)
   Im Internierungslager Posen .... (135)

II. **Wiedersehen mit Poznań-Posen 2009** .... (141)

7. **Von Berlin nach Poznań** .... (141)
8. **Gymnasium und Jüdische Gemeinde** .... (148)
9. **In unserer ehemaligen Wohnung** .... (155)
10. **Abschied von Poznań** .... (161)

Zwi Helmut Steinitz: Biographisches und Publikationen .... (166)
Herausgeber .... (168)
Auschwitz- und Polen-Titel der Edition Schoáh & Judaica .... (169)

Zwi Helmut Steinitz: Erinnerungen zum ewigen Gedenken

Jahrelang beschäftigte mich der Gedanke, das traurige Schicksal meiner Familie, die im Holocaust ermordet wurde, schriftlich zu dokumentieren. Fast mein ganzes Leben lang versuchte ich jedoch, die traurige Vergangenheit zu verdrängen und hütete mich davor, die Jahre der Leiden und Tränen wieder aufleben zu lassen. Selten erzählte ich von den Geschehnissen der Kriegszeit. Erst 2009 konnte ich besuchsweise in das Land zurückkehren, in dem der Tod hauste und

Ströme jüdischen Blutes diese Erde überschwemmten. Erst 67 Jahre später war ich imstande, vor dem Massengrab in Bełżec zu stehen (*Foto S. 7*), in dem meine Eltern, mein Bruder und meine Tante zusammen mit Hunderttausenden jüdischer Opfern begraben liegen. Ich konnte dem Tod meiner Lieben nicht in die Augen schauen, für mich lebten sie weiter.

Nach Jahren tauchten des öfteren lebendige Bilder der schrecklichen Kriegsjahre auf, die meinen Alltag überschatteten und mein Gemüt belasteten. Dann machte sich das Alter bemerkbar, ich war nicht mehr der Jüngste und fühlte bereits das Drängen der Zeit, die Geschichte meiner Familie doch endlich niederzuschreiben. Mein Leben lang verfolgt mich die Frage, wie ich den Krieg überlebt habe, woher die seelischen und körperlichen Kräfte stammten, die mir halfen, jahrelange Qualen zu ertragen. Für mein Überleben gibt es keine Erklärung, doch bin ich mir sicher, dass die Kinderstube, die ich in meinem Elternhaus genoss, einen bedeutenden Einfluss auf meine seelische Standhaftigkeit und Entschlossenheit hatte, insbesondere in kritischen Situationen.

Meine Eltern haben meinen Bruder und mich mit viel Liebe und menschlichen Werten erzogen, die ich in mein Leben mitgenommen habe. In Augenblicken tiefster Not und Lebensgefahr erwachten verborgene Kräfte, die meine Sinne schärften und mein Leben retteten. Ich glaube fest daran, dass menschliche Werte, die im Elternhaus vermittelt werden, einen Menschen immer begleiten und sich zu Grundsätzen formen, mit denen ein junger Mensch selbständig ins Leben gehen kann. Hätte ich diese Grundsätze nicht erworben, hätten mich auch pures Glück und gelegentlicher Zufall nicht retten können.[*]

Als einziger Überlebender der Familie fühlte ich mich moralisch verpflichtet, das Schicksal meiner Familie, ihr Leben vor dem Krieg und im Laufe des Zweiten Weltkriegs bis zu ihrem tragischen Tod schriftlich zu verewigen. Ich hatte das außerordentliche Glück zu überleben und besitze heute genug seelische Kraft, mich mit den Schrecken der damaligen Zeit zu befassen und über die Geschichte meiner Familie zu berichten. Der schändliche Versuch der Nazis, ihre Existenz auszulöschen und sie vom Erdboden verschwinden zu lassen, wird nicht in Erfüllung gehen. Meine Eltern und mein Bruder haben keine persönlichen Gräber und keine Grabsteine – meine Memoiren sollen

---

[*] Dazu: Zwi Helmut Steinitz, Durch Zufall im Holocaust gerettet. Konstanz 2012.

diese zum ewigen Gedenken ersetzen. Erstmals versuchte ich schon 1986, die dramatischen Jahre zu schildern, doch damals fehlte mir die nötige Kraft. 1989 unternahm ich einen neuen Versuch, schreckte jedoch abermals vor dieser Aufgabe zurück, weil ich fürchtete, alte Wunden aufzureißen und die tragischen Kriegsjahre wieder aufleben zu lassen.

Als Erwachsener und Vater zweier Kinder habe ich mich öfter gefragt, welche Gedanken meine Eltern damals beschäftigten und was sie in dieser grausamen Zeit fühlten. Wie bewältigen Eltern ein Leben in täglicher Todesangst, ein Dasein in Ohnmacht und absoluter Hoffnungslosigkeit? Sie erkannten die schreckliche Absicht der Deutschen, das jüdische Volk zu vernichten und hatten nicht die geringste Möglichkeit, ihre Söhne vor dem grausigen Tod zu retten. Wie war es überhaupt möglich, in einer derart erstickenden Atmosphäre zu atmen? Denn sie waren nicht mehr Herr ihres Schicksals, sondern hilflos in der Hand erbarmungsloser deutscher Nazi-Schergen. Immer wieder stelle ich mir die Frage, wie es meinen Eltern gelang, uns von ihren schweren Sorgen fernzuhalten, obwohl wir im Ghetto in einem Zimmer zusammenwohnten. Mit allen Kräften versuchten sie, uns zu beschützen. Kein Wort von ihren unbeschreiblichen Sorgen, Ängsten und schwarzen Gedanken, die sie Tag und Nacht belasteten. Mutter und Vater waren Helden.

In den ersten Jahren nach meiner Ankunft im Land Israel und als junger Mensch von den damaligen jüdischen Pionieren fasziniert, widmete ich mich mit Begeisterung der zionistischen Idee und der Gründung eines neuen Kibbuz. Einige Jahre später haben meine Frau Regina und ich dann den jungen Kibbuz völlig mittellos verlassen und draußen unser Glück gesucht. Doch das Leben in der Stadt war für jeden Anfänger hart und verwöhnte auch uns nicht. Wir hatten ja weder Familie noch Freunde, die uns behilflich sein konnten, doch besaßen wir einen starken Willen und die große Hoffnung auf eine bessere Zukunft. Mit diesen Werten und mit dem grenzenlosen Lebensmut junger Menschen bewältigten wir gemeinsam die damaligen Schwierigkeiten und Hindernisse, die uns im Weg standen. Der harte Existenzkampf verdrängte eine Zeitlang die belastende Vergangenheit. Als Überlebende des Holocaust waren wir vor allem darauf bedacht, ein neues Familienheim aufzubauen.

Jahrelange Existenzsorgen konnten uns nicht entmutigen, und gemeinsam erreichten wir schließlich unser Ziel. Sämtliche Schwierigkeiten und Sorgen waren im Vergleich zu den bitteren Erfahrungen der Kriegsjahre eigentlich ein Kinderspiel. Wir waren jung, begeistert und voller Hoffnung, bereit zu verzichten und in Bescheidenheit zu leben. Jahre vergingen, doch der ersehnte Friede war unserem kleinen Land nicht vergönnt. Die Europäer genossen bereits jahrelangen Frieden, und wir, die Überlebenden des Holocaust, mussten für unser Recht auf ein eigenes Land immer wieder kämpfen. Die andauernden existentiellen Bedrohungen, die das israelische Volk seit Jahrzehnten heimsuchen, können Worte kaum beschreiben, man sieht kein Ende und kommt nicht zur Ruhe.

Memoiren können niemandem das Leben wiedergeben, sie dokumentieren jedoch eine noble deutsch-jüdische Familie, die ihre Menschlichkeit mit Hingabe und Liebe nicht nur der eigenen Familie, sondern auch der Gemeinschaft schenkte. Der tragische Tod meiner geliebten Eltern und meines lieben Bruders riss schmerzhafte Wunden, und Trauer herrscht in mir bis zum heutigen Tag. Der 1. Juni 1942, der Tag unseres unvermeidlichen, tragischen Abschieds, war zugleich mein 15. Geburtstag. Leider konnten meine Eltern nicht wissen, dass es mir beschieden war, den Krieg zu überleben. Vielleicht gingen sie aber mit dieser Hoffnung in den Tod, anders ist ihr Entschluss nicht zu erklären, mich im Ghetto allein zurückzulassen.

Die Geschichte und das Schicksal der Familie Steinitz erzähle ich für kommende Generationen. Ihre traurige Geschichte charakterisiert das Schicksal des ganzen jüdischen Volkes, von dem sechs Millionen mit grausamer deutscher Gründlichkeit planmäßig vernichtet wurden. – Im vorliegenden Buch schildere ich meine glückliche Kindheit in meinem Elternhaus in Posen von 1927–1939 bis zum jähen schrecklichen Ende unserer Familie im Juni 1942 sowie mein unverhofftes Wiedersehen mit Posen im Mai 2009 – 70 Jahre später.

Tel Aviv, im April 2006 und im September 2015

Zwi Helmut Steinitz in der letzten Wohnung seiner Familie in der Kochanowskiego 4, Poznań/Posen – 70 Jahre später - am 12. Mai 2009 (Foto Ami Steinitz)

Erhard Roy Wiehn:[*] Damit vielleicht daraus gelernt werden kann

Helmut Steinitz wird am 1. Juni 1927 in Posen[35] geboren (vgl. S. 166 ff.), wächst mit seinem ein Jahr jüngeren Bruder Rudolf in der Geborgenheit einer kultivierten liberalen jüdischen Familie auf, die sich in jeder Hinsicht deutscher fühlt als jüdisch, gerade auch in dieser Stadt, die nach dem Ersten Weltkrieg polnisch geworden war. Deutsche Literatur, Lyrik, Kunst und Musik sind im wahrsten Sinne des Wortes bei Familie Steinitz zu Hause.

---

[*] Für die Durchsicht der Vorworte wird Pavel Chabr und Mirjam Wiehn herzlichst gedankt.

[35] Siehe dazu Fußnote 3 Seite 18. – Alle Fußnoten stammen vom Herausgeber; *Fußnoten wurde erst hier eingefügt. (05.09.15)

Vater Hermann Steinitz war im Ersten Weltkrieg kriegsfreiwilliger Front-kämpfer bei der Artillerie und unterrichtet als hochgeachteter und verehrter Professor am deutschen Schiller-Gymnasium in Posen Deutsch, Englisch und Französisch. Mutter Salomea ist eine liebevolle, gebildete, musische, musikalische Frau, von ihrem Mann und ihren Kindern geliebt und im nichtjüdischen Freundeskreis beliebt und hoch geschätzt. – Zunehmende judenfeindliche Erfahrungen werden zwar wahrgenommen, aber noch nicht wirklich ernst genommen, was sich aber zu ändern beginnt, als Hermann Steinitz 1936 als Jude sein geliebtes Schiller-Gymnasium verlassen und seine Familie durch Privatstunden ernähren muss, ein erster schwerer Schlag für den patriotischen Vater.

Helmut ist gerade 12 Jahre jung, als die deutsche Wehrmacht samt SS-Einheiten am 1. September 1939 Polen überfällt, besetzt und die jüdische Bevölkerung sofort gnadenlos zu terrorisieren beginnt. Die Familie flieht in einer kurzen Odyssee aufs Land, kehrt dann nach Posen zurück, wo sie ihre Wohnung durch einen SS-Mann konfisziert vorfindet, bald eine trostlose Zeit im Posener Internierungslager erleidet und mit vielen Leidensgenossinnen und Leidensgenossen ihres ganzen Besitzes beraubt aus Posen deportiert wird, womit der hier vorliegende Bericht endet.

Irgendwo außerhalb von Posen plötzlich freigelassen, erlebt Familie Steinitz auf der Durchreise das schon beängstigende Warschau, gelangt dann zu Mutters Lieblingsbruder nach Krakau, wo mühsam eine Bleibe gefunden wird, muss aber bereits Anfang März 1941 ins Ghetto als demütigender Anfang von einem noch unvorstellbaren allzu schnellen grausigen Ende. Schon am 1. Juni 1942, genau an Helmuts 15. Geburtstag, werden die Eltern und sein Bruder Rudolf mit dem ersten Transport in das Vernichtungslager Bełzec in Südostpolen (siehe S. 34, Fußnote 9) deportiert und völlig unschuldig sofort ermordet, nur weil sie Juden sind: Bruder Rudolf 14, Mutter Salomea 38, Vater Hermann Steinitz 48 Jahre. – Helmut, durch seine Geistesgegenwart und viel Glück dieser Todesdeportation nur knapp entronnen, ist ab jetzt ganz allein auf sich gestellt, kommt zum Arbeitseinsatz in eine Kfz-Werkstatt der deutschen Wehrmacht, wird nach der Liquidierung des Krakauer Ghettos in das berüchtigte KZ Krakau-Płaszów verbracht (das viel später durch Steven Spielbergs Film *Schindlers Liste* bekannt werden sollte), wo er durch unmenschliche Sklavenarbeit und brutale Wachmannschaften in äußerste Lebensgefahr gerät. – Um Płaszów schnellstens zu verlassen, meldet sich Helmut mit anderen Häftlingen freiwillig, als eines Tages Schlosser gesucht werden, landet dann ebenso ungewollt wie schockiert in Auschwitz I, um dort ab 21. Februar 1944 erst recht einen wahren Alptraum zu erleben, den er nur mühsam und wiederum mit viel Glück überlebt, als er ins Siemens-Kommando versetzt wird, das ihm eine gewisse Überlebenschance bietet.

Am 17. Januar 1945 beginnt dann der Todesmarsch von Auschwitz nach Gleiwitz, von dort folgt eine winterliche Todesfahrt im offenen Güterzug zum KZ Buchenwald bei Weimar, das längst als gefürchtetes Todeslager gilt. Helmut hat wieder einmal Glück im Unglück und wird als früherer Siemens-Arbeiter am 22. Februar 1945 in ein Siemens-Werk nach Berlin-Haselhorst geschickt. – Nachdem dort infolge alliierter Luftangriffe nicht mehr gearbeitet werden kann, wird Helmut ins KZ Sachsenhausen bei Berlin verlegt, beginnt er am 21. April 1945 den schweren Weg nach Schwerin, wo er nach fast sechs Jahren Krieg, darunter drei unmenschlichen Häftlingsjahren, als junger Sklavenarbeiter des Großdeutschen Reiches im Alter von 17 Jahren am 3. Mai 1945 von Soldaten der US Army befreit wird.

Nach vier Wochen in einem amerikanischen Militärcamp folgen viele Monate in verschiedenen DP- und jüdischen Sammel-Lagern in Lübeck, Neustadt an der Ostsee (wo er den jüdischen Vornamen Zwi annimmt), Bergen-Belsen[*] und schließlich Antwerpen, von Angehörigen der Jüdischen Brigade[**] betreut, bis in einem südfranzösischen Hafen die stürmische Reise ins Wunschland Erez Israel beginnt, wo Zwi alias Helmut am 27. März 1946[36] unter britischer Bewachung endlich an Land gehen kann. Nach zwei Wochen im britischen Internierungslager

---

[*] Siehe S. 115, Fußnote *.

[**] Die *Jewish Brigade Group* wurde am 20. September 1944 als eigenständige Einheit innerhalb der britischen Armee aufgestellt und im Juni 1946 aufgelöst; sie bestand aus ca. 5.000 Freiwilligen aus Palästina; seit Anfang August 1942 hatten bereits drei jüdische Bataillone in der britischen Armee in Ägypten und Nordafrika gekämpft; siehe z.B.: Sami Scharon, Gestritten, gekämpft und gelitten - Von Danzig nach Erez Israel, bei der britischen Armee in Nordafrika, mit der 'Jewish Brigade Group' durch Italien, Deutschland, Holland und Belgien, dann Offizier in der israelischen Armee 1923–1948. Konstanz 2002, S. 233 ff., 236, 237; dazu auch http://en.wikipedia.org/wiki/Jewish_Brigade

[36] Dieses Datum bestätigen auch Zwi Helmut Steinitz' Kameraden; im Museum von Atlít/Israel ist jedoch als Ankunftsdatum der *Tel Chaj* der 28. März 1946 verzeichnet; vgl. collections.yadvashem.org/photoarchive/en-us/35882.html

Atlít bei Haifa ist er wirklich frei, um nun zunächst im Kibbuz Afikím im Jordantal sein neues Leben zu beginnen. – Ende März 1948 zählt Zwi zu den Gründern des Kibbuz Buchenwald – Netzer Seréni.[*] Im August 1949 heiratet er Regina, die mit ihrer Zwillingsschwester Ruth in Berlin überlebt hatte.[**] Für Regina und Zwi geht das Leben bald außerhalb des Kibbuz in Israel weiter, doch auch die Folgen der Schoáh wirken weiter. Ihre Kinder Ami und Schlomit wachsen ohne Großeltern und ohne Verwandte auf. Die deutsche KZ-Nummer 174251 auf Zwi Helmut Steinitz' linkem Unterarm bleibt ebenso wie die nicht weichenwollende schreckliche Last der Erinnerung.

Die Lebens- und Familiengeschichte der Familie Steinitz gehört zweifellos zum Unglaublichsten, Tragischsten, Schrecklichsten, das man in der autobio-graphischen Holocaust-Literatur finden kann. Zwi Helmut Steinitz' Erinnerungen sind selbst im großen zeitlichen Abstand unglaublich genau, hautnah und berührend, ein wichtiges zeitgeschichtliches Dokument, das die Einmaligkeit, Besonderheit und Monstrosität der NS-Verbrechen und Deutschlands Schuld am Beispiel einer einzigen Familie und des einzig überlebenden Jungen besonders drastisch deutlich macht.

Zwi Helmut Steinitz berichtet in einer gewissen chronologischen Reihenfolge, durchbricht aber immer wieder die schwarze Chronologie, enteilt ihr in die spätere Zukunft voraus, kommt aber vor allem auch immer wieder in die allzu gegenwärtige Leidens-Vergangenheit wie nicht zuletzt in die glückliche Vorvergangenheit der Kindheit zurück (durch * * gekennzeichnet). – Man kann sich kaum vorstellen, wieviel Kraft es den Autor gekostet haben mag, sowohl seine schönen Kindheitserinnerungen als auch seine nachtschwarzen Holocaust-Erinnerungen niederzuschreiben, um dabei alles noch einmal durchleben und durchleiden zu müssen. Dafür und dass er uns seine kostbaren Erinnerungen anvertraut hat, wird Zwi Helmut Steinitz sehr herzlich gedankt. – Er empfindet ebenso wie wir eine "heilige Pflicht zu berichten" und hat damit seiner Familie ein Denkmal und der Öffentlichkeit ein Mahnmal gesetzt, das ganz bestimmt bleibt. Seine Erinnerungen sind unter dem Titel *'Makóm eláv ló schavtí meolám'* (A place of no

---

[*] Vgl. S. 166, Fußnote 35; https://de.wikipedia.org/wiki/Netzer_Sereni

[**] Regina Steinitz mit Regina Scheer, Zerstörte Kindheit und Jugend – Mein Leben und Überleben in Berlin. Herausgegeben von Leonore Martin und Uwe Neumärker, Stiftung Denkmal für die ermordeten Juden Europas. Berlin 2014.

return) 2003 in hebräischer Sprache in Israel erschienen, wurden vom Autor ins Deutsche übertragen und für die *Edition 'Shoáh & Judaica'* seit Herbst 2005 von uns bearbeitet. Auslassungen, vor allem von Wiederholungen, sind durch (...) gekennzeichnet.

Zwi Helmut Steinitz hat mindestens vier Leben gelebt:[*] seine glückliche Kindheit im Posener Elternhaus, die schreckliche Zeit der ersten Verfolgung und des Verlustes seiner Familie sowie die Jahre in deutschen Konzentrations-lagern, seine Zeit als israelischer Blumenexport-Pionier und schließlich nahezu zehn Jahre Erinnerungsarbeit in Deutschland, insbesondere mit Schülerinnen und Schülern, einschließlich seiner Reise nach Polen. Für sein unermüdliches Erinnerungs-Engagement in Deutschland wurde er durch den deutschen Botschafter Andreas Michaelis in Tel Aviv am 5. September 2012 im Namen des Bundespräsidenten (Fotos S. 163) mit dem Bundesverdienstkreuz am Bande ausgezeichnet (Foto S. 164).[**] – Unsere Hoffnung lautet gerade auch hier: Was aufgeschrieben, veröffentlicht und in einigen Bibliotheken der Welt aufgehoben ist, wird wohl nicht so schnell vergessen, damit vielleicht daraus gelernt werden kann.

25. April 2006 und 1. September 2015 – 76 Jahre nach Beginn und 70 Jahre nach dem Ende des Zweiten Weltkriegs und der Holocaust-Schoáh in Europa

Der deutsche Botschafter Andreas Michaelis ehrte Zwi Helmut Steinitz mit dem Bundesverdienstkreuz in Tel Aviv am 5. September 2012; hier der Geehrte bei seiner Dankansprache (Foto: Familie Steinitz)

---

[*] Vgl. Erhard Roy Wiehn, "Aus dem vierten Leben eines Überlebenden", in: Zwi Helmut Steinitz, Jüdisches Tagebuch. Konstanz 2010, S. 9 ff.

[**] Zwi Helmut Steinitz' "Wiedergutmachungs"-Geschichte ist ein Kapitel für sich.

Zwi Helmut Steinitz

Ich wurde am 1. Juni 1927 in Posen geboren. Mein Vater Hermann Steinitz war im Ersten Weltkrieg kriegsfreiwilliger Frontkämpfer und später Gymnasialprofessor für Deutsch, Englisch und Französisch am Schiller-Gymnasium in Posen. Meine Mutter Salomea war musisch interessiert und eine gute Hausfrau. Zusammen mit meinem jüngeren Bruder Rudolf hatte ich eine sehr schöne und behütete Kindheit.

1936 wurde mein Vater aufgrund der Nürnberger Gesetze entlassen. Kurz nach dem Überfall der deutschen Wehrmacht auf Polen begann für uns eine schreckliche Zeit der Demütigung und Verfolgung, Flucht und schließlich Internierung im Krakauer Ghetto. Von dort wurden meine Eltern am und mein Bruder 1. Juni 1942 in das Vernichtungslager Bełżec verschleppt und ermordet. Ich selbst überlebte verschiedene KZs und wurde im Alter von nicht einmal 18 Jahren am 3. Mai 1945 von der US Army befreit.[*]

Bereits am 27. März 1946 landete ich in Erez Israel, im damals von den Briten verwalteten Palästina. Im Kibbuz Afikím bildete ich mich als Gemüsegärtner aus, um dann in unserem neugegründeten *Kibbuz Buchenwald* (*Netzer Seréni*) die Leitung des Gemüsegartens zu übernehmen. Unsere Produkte waren hauptsächlich für den lokalen Markt bestimmt, außerdem versorgten wir die Kibbuzküche. In Afikím arbeitete ich in fast allen landschaftlichen Bereichen.

Am 20. Juni 1948 hatten wir also unseren eigenen neuen Kibbuz gegründet, damals *Kibbuz Buchenwald*, deren Mitglieder ausschließlich Holocaust-Überlebende waren.[37] Die meisten Mitglieder waren ledig. Damals lag die neue Siedlung direkt an der Front bei Ramla und war von einem dichten Netz von Schützengräben umgeben, in denen wir Tag und Nacht im Einsatz waren.

Im Oktober 1948 schlossen sich meine spätere Frau Regina und ihre Zwillingsschwester Ruth (beide in Berlin geboren) mit ihrem Bruder unserem Kibbuz an. Regina hatte in Berlin als Kinderpflegerin in einem jüdischen Kinderheim gearbeitet und hoffte, diesen Beruf auch hier ausüben zu können. Dieser Wunsch ging jedoch nicht in Erfüllung, da in unserem Kibbuz damals kein Platz für zwei Pflegerinnen war. Als Großstadtkindern fiel es Regina und ihrer Schwester sehr schwer, sich dem Kollektivleben anzupassen, sie hatten es erfolglos versucht.

Inzwischen hatten Regina und ich uns näher kennengelernt, und wir entdeckten bald viel Gemeinsames, vor allem die Vergangenheit auf kulturellem Gebiet, zugleich aber auch die Muttersprache. Trotz unserer Jugend wuchs das dringende Verlangen nach einer Familie, die wir beide seit Jahren entbehrten, wir ver-

---

[*] Alwin Meyer, "Vergiss deinen Namen nicht" – Die Kinder von Auschwitz. Göttingen 2015; dazu: Sybille Steinbacher, "Ihre Welt bestand nur aus Henkern und Opfern", in: Frankfurter Allgemeine Zeitung, Nr. 205, 4. September 2015, S. 10.

[37] Dazu Erhard Roy Wiehn (Hg.), Wer hätte das geglaubt – Erinnerungen im Kibbuz Buchenwald – Netzer Sereni – an Hachschará und Konzentrationslager 1939–1945–1985. Konstanz 2010.

liebten uns heftig, und nach einigen Monaten haben wir dann am 26. August 1949 geheiratet.

Regina sah jedoch im Kibbuzleben auf Dauer keinen Sinn, und wir beschlossen, den Kibbuz zu verlassen, um einen neuen Lebensweg in der Stadt zu suchen. Es war ein harter Anfang in der Fremde für ein junges Paar, das versuchen musste, ohne Mittel und Verbindungen Fuß zu fassen. Regina arbeitete in der Kinderabteilung eines Krankenhauses und ich in der Landwirtschaft, anfangs in einer Gemüseplantage und später als Agrar-Berater in zwei neugegründeten Dörfern.

Unser Sohn Ami wurde 1952 geboren, der erste in der Kette der neuen Generation nach dem Holocaust, der den Namen *Steinitz* trägt. Regina bildete sich als diplomierte Krankenschwester aus, obwohl sie bereits Mutter eines vierjährigen Sohnes war, und sie musste im Laufe der drei langen Lehrjahre in der Schwesternschule wohnen.

Inzwischen machte ich selbst Fortschritte und übernahm einen Posten in der AGREXCO Exportfirma für landwirtschaftliche Produkte, und zwar in der Blumenabteilung und war dann einer der Begründer des Blumenexports nach Europa. Im Laufe der Jahre erweiterte sich die israelische Blumen-Industrie und lieferte auch an holländische und deutsche Versteigerungen. In den Jahren 1974–1978 war ich als Vertreter meiner Firma ein Jahr in Deutschland und drei Jahre in Holland tätig.

Regina arbeitete als Oberschwester in einer Kinderabteilung und danach als Lehrerin in einer Schwesternschule. 1962 wurde unsere Tochter Schlomit geboren. Nach unserer Rückkehr aus dem Ausland übernahm Regina die Leitung eines staatlichen "Gesundheitszentrums für schwangere Frauen und für die Entwicklung von Kindern", ich kehrte in die Blumenabteilung meiner Firma in Tel Aviv zurück und arbeitete dort bis zu meinem 70 Lebensjahr.

Ami studierte moderne Kunst an der Tel Aviv University und unterrichtet Kunst in Schulen. Schlomit studierte ebenfalls Kunst und ist als Graphikerin tätig. Ami ist mit einer Rechtsanwältin verheiratet; Tochter Schira (geb. 1988) studiert Geschichte und jüdische Philosophie; Sohn Eran (geb. 1995) dient derzeit in der israelischen Armee und ist ein exzellenter Basketballspieler.

Regina und ich sind im Ruhestand, treiben Sport, gehen zu Konzerten des Israel Philharmonic Orchestra[38] und in die Oper, lesen Bücher und haben gute Freunde. Seit einigen Jahren reisen wir für unsere Erinnerungsarbeit nach Deutschland und Polen. Vor allem warten wir immer noch auf Frieden. (7. September 2015)

---

[38] Dazu: Uri Toeplitz, Und Worte reichen nicht –Von der Mathematik in Deutschland zur Musik in Israel. Eine jüdische Familiengeschichte 1812–1998. Konstanz 1999.

Buch-Veröffentlichungen

1) Als Junge durch die Hölle des Holocaust – Von Posen durch Warschau, das Krakauer Ghetto, Płaszów, Auschwitz, Buchenwald, Berlin-Haselhorst, Sachsenhausen bis Schwerin und über Lübeck, Neustadt, Bergen-Belsen, Antwerpen nach Erez Israel 1927–1946. Konstanz 2006, 2. durchgesehene und erweiterte Auflage 2008 (mit zahlreichen Fotos aus dem ehemaligen Krakauer Ghetto heute sowie von der jüngsten Lesetätigkeit des Autors in Deutschland), 3. Auflage 2011, 4. Auflage 2015, 455 Seiten, Fotos. ISBN 3-86628-075 (Zuerst in hebräischer Sprache.)

2) Vom Holocaust-Opfer zum Blumenexport-Pionier – Von Posen durch das Krakauer Ghetto und deutsche KZs nach Israel zum Gemüseanbau im Kibbuz und zum israelischen Blumenexport 1927–2007. Konstanz 2007, 117 Seiten, Fotos. ISBN 3-86628-160-9

3) As a boy through the hell of the Holocaust – From Poznań through Warsaw, the Kraków Ghetto, Płaszów, Auschwitz, Buchenwald, Berlin-Haselhorst, Sachsenhausen, to Schwerin and over Lübeck, Neustadt, Bergen-Belsen and Antwerp to Eretz Israel 1927–1946. Konstanz 2009. ISBN 3-86628-250-8 und 978-3-86628-250-6

4) Jüdisches Tagebuch – Ein Überlebender der Schoáh engagiert sich als Israeli in Deutschland, besucht seine Geburtsstadt Posen und das Massengrab seiner Eltern in Bełżec. Konstanz 2010, 99 Seiten, viele Fotos. ISBN 978-3-86628-328-2 und 3-86628-328-8

5) Durch Zufall im Holocaust gerettet – Rückblick eines Israeli AUS Posen; der das Krakauer Ghetto und deutsche KZs durchlitt und überlebte. Konstanz 2012, 96 Seiten, Fotos. ISBN 978-3-86628-424-1

6) Eine deutsch-jüdische Kindheit im polnischen Posen – Erinnerungen eines Überlebenden und ein Wiedersehen nach 70 Jahren 1927–1939–2009. Konstanz (Oktober) 2015, 172 Seiten, Fotos. ISBN 978-3-86628-548-4 u. 3-86628-548-5

Siehe auch zahlreiche Einträge (samt Fotos) zu Zwi Helmut Steinitz im Internet.

*

Christel Wollmann-Fiedler
Fotografin, Autorin und Journalistin; seit 2003 in Berlin.
Siehe: www.wollmann-fiedler.de; Christel.wollmann-fiedler@web.de

Dr. Drs. h.c. Erhard Roy Wiehn, M.A.

Professor (em.) im Fachbereich Geschichte und Soziologie der Universität Konstanz; Veröffentlichungen vor allem zur Schoáh und Judaica:
http://de.wikipedia.org/wiki/Erhard_Roy_Wiehn
www.uni-Konstanz.de/soziologie/judaica

Erhard Roy Wiehn & Christel Wollmann-Fiedler (Hg.)

Unser Überlebenswille war stark

Gespräche mit Margit Bartfeld-Feller
über Czernowitz, die sibirische Verbannung und Israel
zum Gedenken

Vorworte Anita Hajut & Andrei Corbea-Hoişie

Hartung-Gorre Verlag Konstanz

2020

Erhard Roy Wiehn & Christel Wollmann-Fiedler (Hg.)

Hedwig Brenner

und ihre Künstlerinnen jüdischer Hekunft
Einer Pionierin zum Gedenken

Hartung-Gorre Verlag Konstanz
2021